Sam Francis
Leçon de Ténèbres
« like the paintings of a blind man »

Sam Francis
Lesson of Darkness
'like the paintings of a blind man'

Jean-François LYOTARD
Écrits sur l'art contemporain et les artistes
Writings on Contemporary Art and Artists

Sous la direction de
HERMAN PARRET
(Université de Louvain [Leuven])
Rédacteurs adjoints :
VLAD IONESCU (Université de Louvain [Leuven]),
PETER W. MILNE (Santa Clara University,
Santa Clara)
Avec la collaboration de
CHRISTINE BUCI-GLUCKSMANN
(Université de Paris VIII),
GEOFFREY BENNINGTON et
DALIA JUDOVITZ (Emory University, Atlanta),
DOLORÈS LYOTARD (Université du Littoral-
Côte d'Opale),
GÉRALD SFEZ (Khâgne Lycée La Bruyère,
Versailles)

Les cinq volumes de la présente collection rassemblent les écrits du philosophe français Jean-François Lyotard sur l'art contemporain et les artistes. Les textes sont publiés dans leur version originale en français et dans leur traduction en anglais. Un grand nombre de textes non publiés, déposés au Fonds Jean-François Lyotard de la Bibliothèque Doucet à Paris, sont repris dans ces recueils. Les volumes sont amplement illustrés par les œuvres d'art commentées par Lyotard.
Les cinq volumes comportent une introduction bio-bibliographique d' Herman Parret et une postface d'autres specialistes de la pensée lyotardienne.

General editor:
HERMAN PARRET *(Leuven University)*
Associate editors:
VLAD IONESCU *(Leuven University),*
PETER W. MILNE *(Santa Clara University,*
Santa Clara)
In collaboration with
CHRISTINE BUCI-GLUCKSMANN
(Université de Paris VIII),
GEOFFREY BENNINGTON *and* DALIA JUDOVITZ
(Emory University, Atlanta),
DOLORÈS LYOTARD *(Université du Littoral-*
Côte d'Opale),
GÉRALD SFEZ *(Khâgne Lycée La Bruyère, Versailles)*

The five volumes of the present collection contain the writings of the French philosopher Jean-François Lyotard on contemporary art and artists. These texts are published in their original version in French and their translation in English. A great number of unpublished texts, preserved at the Fonds Jean-François Lyotard of the Doucet Library in Paris, are presented for the first time in these volumes. They are largely illustrated by the works of art Lyotard comments upon.
The five volumes contain a bio-bibliographical introduction by Herman Parret and an epilogue by other experts of Lyotard's thought.

VOL. I Karel Appel. Un geste de couleur / *Karel Appel. A Gesture of Colour* (2009)
ISBN 978 90 5867 756 3

VOL. II Sam Francis. Leçon de Ténèbres / *Sam Francis. Lesson of Darkness* (2010)
ISBN 978 90 5867 781 5

VOL. III Les Transformateurs Duchamp / *Duchamp's TRANS/formers*
ISBN 978 90 5867 790 7

VOL. IV Textes dispersés sur l'art contemporain et les artistes / *Various Texts on Contemporary Art and Artists*
ISBN 978 90 5867 791 4

VOL. V Que peindre? / *What to Paint?*
ISBN 978 90 5867 792 1

www.lyotard.be

Sam Francis
Leçon de Ténèbres
« like the paintings of a blind man »

Sam Francis
Lesson of Darkness
'like the paintings of a blind man'

Jean-François LYOTARD

Postface de / *With an epilogue by*
GEOFFREY BENNINGTON

Sous la direction de / *Edited by*
HERMAN PARRET

Traduction / *Translated by*
GEOFFREY BENNINGTON

LEUVEN UNIVERSITY PRESS

Ouvrage publié avec le concours du
This book was published with the support of the
CENTRE NATIONAL DU LIVRE, PARIS

Édition originale anglaise / *Original English language edition:*
Sam Francis, Lesson of Darkness (The Lapis Press, Venice CA, © 1993)

ISBN 978 90 5867 781 5
D/2010/1869/7
NUR: 730/640

Couverture et maquette / *Cover and interior design:*
Van Looveren & Princen, Bruxelles / Brussels
Illustrations / *Illustrations*: © SABAM Belgium, 2010

Table des matières
Table of contents

Note: Les œuvres de Sam Francis sont numérotées de 1 à 43. Ces numéros sont repris sur les pages des textes correspondants et dans la Préface et la Postface. Le tableau numéro 36: *Untitled*, 1975, est appelé *Facing Within*, 1975 dans le manuscrit original de Lyotard.

Note: The works by Sam Francis are numbered from 1 to 43. These numbers are referred to in the pages of the corresponding texts, and in the Preface and Epilogue. Painting number 36: Untitled, *1975, is called* Facing Within, *1975 in Lyotard's original manuscript.*

Préface

Herman Parret

En mars 1990, Jean-François Lyotard est invité à contribuer à la revue britannique d'avant-garde *Blank Page* (Londres, P4 Publishing, en tirage limité de cent cinquante exemplaires) avec un texte sur un artiste de son choix. Lyotard répond favorablement et rédige en juin 1990 un premier commentaire en forme de poème sur Sam Francis, intitulé *La peinture à même. Esquisse d'hommage à Sam Francis*. Ce texte dense et hautement suggestif de cinq pages sera publié dans le quatrième numéro de la revue sous le titre de *Painting right on it*, d'emblée dans une version traduite par Geoffrey Bennington. Il faut considérer cette « esquisse », qui n'a jamais été publiée en français et qui est reprise dans le quatrième volume de notre série, non pas tant comme le premier signe de l'intérêt que Lyotard portait à l'œuvre de Sam Francis mais bien plutôt comme un exercice de mise en page d'une réflexion en pleine élaboration qui aboutira à l'essai-poème que vous avez sous les yeux dans le présent volume.

Lyotard s'intéresse à l'œuvre de Sam Francis à partir de 1985, parallèlement à son intérêt pour la peinture de Karel Appel, autre coloriste, auquel il consacre le texte inspiré et lucide, *Karel Appel. Un geste de couleur*, publié dans le premier volume de notre série. À Paris, Sam Francis était représenté par la Galerie Jean Fournier qui organisait annuellement à partir de 1976 l'exposition de ses œuvres les plus récentes. À l'occasion du vernissage d'une présentation des tableaux de Francis en 1988, la galerie publie un catalogue comportant un texte d'Yves Michaud, « L'œuvre peinte sur papier de Sam Francis : introduction » et une série d'entretiens de Michaud avec Francis enregistrés entre le 14 et le 17 juin 1988 dans son atelier californien à Santa Monica. Ces entretiens, ainsi qu'une première série d'entretiens réalisés également par Michaud à Paris les 17 juin, 1er et 2 juillet 1985, ont servi d'horizon de réflexion à l'essai-poème de Lyotard que nous publions dans ce volume. Lyotard ne se réfère jamais directement à ces sources, mais il s'en inspire de façon sélective, et c'est ainsi que les catalogues de la Galerie Fournier faisaient partie de la bibliographie que Lyotard a étudiée et annotée lors de la préparation de l'essai que nous publions en ce lieu.

Lyotard rencontre Sam Francis, probablement dans son atelier de Santa Monica, pendant un séjour comme Professeur invité de l'Université de Californie à Irvine au cours du semestre de printemps 1992, et il reçoit une invitation de *The Lapis Press* à Los Angeles, maison d'édition de livres d'artistes dont Sam Francis était le propriétaire, à publier un texte sur Francis à l'occasion d'une rétrospective importante de son œuvre dans plusieurs musées en Amérique et en Europe, entre autres à Paris. Le texte est rédigé au cours du printemps et de l'été 1992, et publié en 1993, l'année avant la mort de Sam Francis, comme un livre d'art bibliophilique, à nouveau dans une merveilleuse traduction de Geoffrey Bennington. La publication du texte original en français a fait l'objet d'une négociation entre *The Lapis Press* et une maison d'édition française mais cette négociation n'a pas abouti. Le livre que vous avez sous les yeux reprend le texte original et la traduction de Bennington face-à-face, selon le principe de notre série, avec la reproduction des quarante-deux œuvres de Sam Francis que Lyotard « commente » et « textualise » en déployant « rêveusement » sa réflexion sur ce qu'il en est de la peinture, de la couleur, de la matière, du visible...

Les manuscrits de la Bibliothèque Littéraire Jacques Doucet, où se trouvent les archives Lyotard, montrent les signes de l'énorme travail de recherche et de documentation que Lyotard a effectué lors de la rédaction de son commentaire-poème. (voir illustration 1, à la page 18) Toutefois, les tableaux que Lyotard paraphrase et « interprète » se retrouvent tous reproduits dans deux livres, souvent consultés : la monographie classique de Sam Francis par Peter Selz (New York, Harry N. Abrams Publishers, 1982) et le catalogue d'une exposition de la Idemitsu Collection à la Yayoi Gallery à Tokyo en 1987. Le livre de Selz, tout comme les entretiens de Michaud mentionnés plus haut, a été dûment annoté, page par page, et pourtant la façon dont Lyotard va commenter le sens profond de l'œuvre de Sam Francis est à l'antipode de la présentation canonique et orthodoxe de Selz. En effet, la « transposition » lyotardienne nous fait découvrir un Sam Francis paradoxal, « différentiel » – l'art de Sam Francis n'est pas une apologie de l'omniprésence du visible et un chant de la magnificence des couleurs, mais une *Leçon de Ténèbres, « like the paintings of a blind man »*.

« Love + Matter, for Jean-François. Sam Francis. »

Sam Francis, grand voyageur, artiste aux quatre ateliers – à Paris, Berne, Tokyo et surtout Santa Monica –, pilote de l'*Air Force* en 1943 et sérieusement blessé pendant la guerre, amoureux de la lumière de Los Angeles et de la *vita californiana*, envoûté par le Japon et le bouddhisme Zen, gravement malade pendant les dernières années de sa vie et incapable de peindre avec sa main droite, coloriste plus pictural que gestural et dans ce sens à l'antipode d'un Pollock, fasciné par le subconscient jungien et par les biomorphologies, constructeur d'énormes espaces muraux mais travaillant également en miniaturiste sur papier et en gravure, Sam Francis refusait d'être étiqueté comme « expressionniste abstrait », quoiqu'il ait été influencé par Mark Rothko et Clyfford Still.

Toute la philosophie de l'art de Francis se résume dans la dédicace concise qu'il inscrit dans le catalogue de l'exposition de la Idemitsu Collection à Tokyo envoyé à Lyotard vers 1993 : « *Love + Matter. For Jean-François.* » (voir illustration 2, à la page 18) On pourrait compléter l'équation : « *Love + Matter = Art* », ce qui est en parfaite harmonie avec un autre aphorisme de Francis: « *Art is at the heart of matter* ». C'est évidemment cette philosophie de l'art que Jean-François Lyotard déconstruit, conteste, supplémente – lui le chantre du complexe, du différentiel et de l'abyssal. Certes, l'œuvre de Sam Francis chante la luxuriance de la couleur, l'exubérance du sensible, elle déploie et excite la matière avec amour et passion. Toutefois, la dialectique lyotardienne sème l'inquiétude dans cette ambiance euphorisante, elle fait sentir que le voyant de ce sensible glorieux est un aveugle, que le visible des couleurs ne se laisse pas voir, que le tangible des matières ne se laisse toucher. « Je ne dis pas que tu vas commencer à voir mais commencer peut-être à cesser de regarder » – « Peindre en sorte que cela cesse de se laisser voir », c'est bien ainsi que Lyotard inculque de la différence dans le « projet artistique » de Sam Francis. Transposition subtile mais radicale qui nous éloigne étrangement d'une métaphysique simple de la plénitude et de la profondeur.

Cette métaphysique de la plénitude et de la profondeur a pourtant généré la glose des commentateurs de Sam Francis, en premier lieu dans la monographie « officielle » de Peter Selz (1982). Selz constate chez Francis une plénitude de joie, un état de sublimation, une énergie radieuse, un hédonisme pictural, une affirmation positive de soi-même et du monde sensible. Il y aurait ainsi selon Selz une concordance globale et bienfaisante entre la peinture et la réalité chez Francis – et il exploite entièrement un aphorisme de Sam Francis : *Le monde a été créé pour qu'un tableau soit peint (The world was created to paint one picture)*. Francis a repris cette idée de Jasper Johns et il se dit conscient que la frénésie du peintre est l'effet du fait que chaque tableau *in concreto* n'est qu'un *symptôme* de ce désir de concordance entre la peinture et le monde. Le tableau est une « image symptomatique » (*symptom picture*) du désir de peindre. Il y a toute une philosophie de l'*image* dans cette intuition de Francis – voici ce que Lyotard cite à ce propos dans un coin d'une page de manuscrit : « *Peut-être "voir" est juste une illusion. Je ne le sais vraiment pas. Je ne crois pas que je peux "voir" l'image dans sa plénitude jusqu'au moment où je l'ai faite. Le procès de peindre est un procès de* dévotion *pour cette image.* » Toutefois, le monde, en tant que corrélat de cette image, de ce rêve subconscient, est décelé comme un monde vital, une présence de l'*éros*, un entrelacement des quatre éléments, couleur et lumière, l'aquatique de Poséidon et de Protée, le monde comme brasier de flammes, le jour et la nuit comme extension du rêve, la suspension, la lévitation et la (dé)croissance, toutes ces agitations (verticalisantes) de la constellation des quatre éléments. Ce monde-là n'est pas vraiment une ontologie, pas un domaine de mythes et de récits, mais une ambiance de bonheur, et la nage libre du peintre ne crée que des éclaboussures qui sont transparentes comme de la glace pure, grains de beauté.

Voilà le canon du commentateur devant les images, ces espaces de rêve, que Sam Francis nous a légués. Certes, l'œuvre a connu une évolution, et Lyotard s'est intéressé aux glissements formels de l'art de peindre de Francis, entre 1949 et 1990, les dates du premier (**8**) et du dernier tableau (**42**) repris dans l'album que vous avez devant les yeux. On découvre dans les manuscrits préparatoires une périodisation rudimentaire dont des fragments se retrouvent ci et là dans les poèmes-commentaires – il semble bien que Lyotard s'intéresse surtout aux années 1950-57, entre autres aux *Saturated Paints* et les *Sail Paints* (**16**, voir **26**), et aux acryliques à partir de 1967 (**34**).

Dans les années cinquante, la période parisienne de Sam Francis (Paris forme le refuge de Sam en fuite pour le bouillonnement de l'« expressionnisme abstrait » à New York), le jeune peintre applique à ses tableaux d'une part la saturation des couleurs (**1** *Saturated Blue*) et d'autre part une structure en unités cellulaires captées dans un mouvement rythmique sans limite qui ressemble étrangement à ce que l'on perçoit sous le microscope (**5** *Opposites*) – ces formes « amorphes » sont comme des protoplasmes, hauts et vigoureux en couleurs (bleu, rouge), éléments premiers de ce monde vital qui enchâsse le peintre, monde des quatre éléments, à la recherche de la stabilisation de l'éternel mouvement des cellules sanguines. Les cieux parisiens, leur grisaille, poussent Francis à la monochromie noirâtre (**9**, **10** et **11**), non sans lutte : le jaune, bien que repoussé dans la marge par les cellules noires en éternel tourbillon – le jaune comme opposé tensif primaire du noir – empêche l'expansion du noirâtre, résistance de Francis à une biomorphologie sans soleil, sans blancheur.

Une seconde période s'engage vers 1957 (Francis parcourt le monde et s'installe en Californie), celle de la *conquête du blanc.* Cette conquête a d'ailleurs été le projet de vie de Sam Francis : comment ouvrir l'espace pictural, avec délicatesse et grâce, au blanc, au silence, à l'infini et à l'ineffable, à la plénitude du vide. *The Whiteness of the Whale* (**30**), de 1957, tout comme *Meaningless Gesture* (**6**), de 1958, nous confrontent exemplairement avec cette lutte pour la blancheur. Le blanc est un drame et une libération, et Lyotard note quelque part : « “Pas le blanc, la notion de blanc” (Beckett). Ce qu’on appelle couleur : découpage arbitraire du spectre par des noms. Le blanc : toutes les couleurs, mais par synthèse soustractive. Donc l’*innommé*. On ne voit que ce qu’on nomme. On ne voit pas le blanc. Devant le blanc, cécité chromatique. Peignons que je n’ai rien vu. » Donc : c’est le *rien* que l’on voit dans le blanc, et c’est bien pourquoi Lyotard est fasciné par la fascination de Francis pour le blanc. *The Whiteness of the Whale* – en effet, Melville, face à l’albatros, aux dieux tout en blanc, couleur impériale, couleur de la magnificence, mais également face à l’horreur transcendante, à la panique et aux brumes des spectres, à l’immensité vide de l’univers. La Baleine Blanche, c’est la puissance et l’énergie confrontée aux formes en couleur, c’est l’océan qui entoure les masses de terre. C’est bien ce que Sam Francis nous montre dans *The Whiteness of the Whale* et dans *Meaningless Gesture* – suspension, lévitation, croissance du blanc dans la conquête de la couleur, et *Moby Dick*, encore de 1958 (**32**), révèle ce même combat, cette même énergie interne du blanc, et cette expansion sans limite. Tant de questions philosophiques surgissent. Le blanc existe-t-il comme le Grand Vide ou le Grand Plein ? Le blanc est-il un espace ou une absence d’espace ? Le blanc est-il une Chose ou un Rien ? Exprime-t-il une nostalgie ou un accomplissement ? Reste que cette série de tableaux (de 1957 à 1961), appelés parfois la *Japan Series* ou *Sail Paintings*, sont des chefs-d’œuvre qui permettent exemplairement la dialectique du *rien* exercée par Lyotard. Je ne puis m’empêcher de citer dans ce contexte une autre pensée de Lyotard trouvée sur un bout de papier dans les manuscrits : « Le *philosophe* : “Disons que je n’ai rien dit” : cela n’implique pas qu’on n’a rien dit, pas le mutisme. Seulement que le rien a été dit, le silence. Enfin, “a été dit”, c’est beaucoup dire. Du moins il était recherché. » La *Japan Series* nous entraîne évidemment vers cette philosophie. Le blanc, pas le mutisme, mais le silence – dans le blanc, le *rien* est dit, non pas la Chose ou l’Espace. De toute évidence, Sam Francis n’est pas ce « philosophe » mais il révèle une inquiétude d’artiste que Lyotard va capter dans son commentaire-poème.

Le *problematon* du *blanc* restant indécis par nature, Sam Francis, à partir de l’hiver 1960, époque d’une tuberculose bien menaçante, introduit dans sa peinture d’autres soucis formels. Et le bleu devient la couleur prédominante en remplaçant le blanc. La maladie presque mortelle excite son imagination *biomorphique* – c’est la séquence des *Blue Balls* (**26**, *Blue Balls* VII), ces objets organiques qui flottent dans l’espace avec un degré varié de vitesse – en effet, le *flottement*, tout comme la suspension, l’élévation, la croissance, est un rythme et un tempo chers à Francis, sans doute le rythme et le tempo de l’*éros*. Enfler et gonfler, autre mouvement pictural dans l’imagination biomorphique. La vie-au-tableau est comme l’œuf qui casse et disperse son liquide en giclant, en jaillissant alentour. Sont figurés en abondance des constellations gigantesques, des formes physiologiques, des spermatozoïdes, des embryons, des vagins, des phallus, des particules atomiques, des formes circulaires comme Saturne avec son anneau, suggestions de sexualité, de procréation, d'énergie et de vie en métamorphose. Reste que la sphère bleue des *balls* est perçue dans sa fragilité, fragile comme la chair du corps humain intérieur. Les commentateurs « orthodoxes » ont évidemment accentué le lien biographique de cette séquence des *Blue Balls* avec le sentiment organique, biologique, d'un Sam Francis malade.

Après, à partir de 1963 jusqu'à la fin des années soixante, comme dans *When White* (**27**) et *Bright Ring* (**28**), le rouge apportera une nouvelle joie (Francis a toujours considéré le rouge comme à l'antipode psychologique du bleu), passage du feu, puissance vigoureuse, plénitude de la vie, virilité même. Francis s'installe définitivement à Santa Monica et la magnificence de la lumière californienne rutile dans le blanc qui reconquiert le canevas. Le blanc réoccupe le centre du tableau, encadré par des couleurs expulsées et en perte de pouvoir. *When White* est un tableau parmi les plus beaux de Francis, cette lumière éblouissante, tressaillante de tension et de potentialité, voile expansif qui bat sous le vent, qui repousse les formes biomorphiques dans le périmètre, ce triangle rouge à gauche, cœur nu battant, et ce serpent bleu agressif, libidinal. Cette force dans le *dripping* disparaît dans *Bright Ring* (**28**) et dans *Untitled* de 1968 (**14**), où règne maintenant un voile géométrisé, volumineux (volume sans poids) mais froid, en fait un rectangle largement blanc, domaine du silence et de l'infini, sans aucune focalisation. Est-ce du minimalisme new-yorkais ? Non, il y a trop de mystère dans ce blanc, une expansivité dynamique, et surtout le volume de blancheur n'est pas un champ vide et inerte mais un voile qui flotte sur les zones colorées, flottement inhérent à la thermodynamique de Francis.

Les années soixante-dix amènent une figuration picturale quelque peu déviante : Jung s'est imposé entre-temps, et les spéculations alchimiques. *Coral Branch* (1971) (**19**), *Question to Heaven* (1974) (**25**), *Permanent Water* (1973) (**34**) en témoignent. Le domaine de blancheur est solidement verrouillé. Le volume atmosphérique n'est plus vraiment vide mais encadré par des bandes de couleurs mixtes. Ces bandes sont comme des poutres, des colonnes héraclitéennes, non pas symétriquement disposées mais offrant une structure pesante de soutien domptant le domaine de blancheur. Le blanc est anéanti par de solides formes structurelles et n'a plus de force d'expansion. L'impuissance du blanc, son rétrécissement dramatique, est manifeste dans *Joyous Lake* (1977) (**41**) et *Easter* (1977) (**43**), où on constate avec évidence que la figuration incarne un certain inconscient. Francis a rencontré depuis la psychanalyse et il expérimente avec des matières alternatives (aquarelles, gravures). L'ambiance est lourde, turbulente, et une certaine fascination pour le rectangle blanc nucléaire que Francis dénommait comme « *trou de l'infini* » (« *hole of infinity* »), remue l'inconscient. La suffocation, l'étranglement est évident dans le tableau où culmine l'angoisse incontrôlable, *Mother Blue* (1974) (**20**), de la série des *Mandala Paintings*. Ce tableau mystérieux et magique est resserré autour d'un petit carré blanc, et les lourdes bandes tachées du rouge de gouttes de sang et du « bleu de la mère » constituent des limites impénétrables, insurmontables. Les mandalas, ces surfaces de méditation, sont des portes nous menant vers les tunnels de l'inconscient, s'ouvrant de plus en plus en profondeur vers le noyau psychique.

Vers la fin des années soixante-dix et au cours de la décade qui suit, Sam Francis revient à une mise-en-forme de surface, à des structures organiques, symbolisant ou indexicalisant le corps humain (La Section d'Or) et se transposant dans d'autres configurations comme dans le disque de tournesol ou dans certaines coquilles. *Dynamic Symmetry* (1978) (**38**) montre une première phase de ce processus : celle de la structuration extrême, le treillis le plus parfait et le plus symétrique, devrait nous délivrer de toute profondeur. Et plus on avance dans les années quatre-vingt, plus le treillis durcit. Ce durcissement se réalise exemplairement par un surplus de matière, de la peinture bleue sombre dans *18 Free Floating Clouds* (1980) (**37**). Mais Francis échappe, à la même époque et en même temps, à trop de profondeur non pas seulement par ce geste de structuration extrême, mais également par une autre stratégie qui marque les derniers tableaux « commentés » par Lyotard, ceux de 1984 à 1990, tous *Untitled* (**22, 24, 29, 35, 42**). Stratégie de frivolité, de légèreté, de dédramatisation, stratégie du désordre de formes colorées aux contours nets qui ne font qu'effleurer le regard sans engager l'âme. *Untitled* (1990) (**42**) est le dernier tableau de la liste chronologique. Le pourpre, exceptionnel chez Francis, plaît, mais l'agréable, le trop-agréable, comme on sait, ne génère pas le choc esthétique.

Une telle taxinomie chronologique présentée dans les lignes qui précèdent, n'a pas été vraiment la prime importance de Jean-François Lyotard. Lyotard ne se désintéresse pas totalement des anecdotes biographiques de Sam Francis : il évoque la chambre d'hôpital à San Francisco, après l'accident en fin de guerre, où « il avait regardé, entre mort et vie, la lumière sur l'océan » pour découvrir que sa substance est noire (**4**) ; il évoque les fréquents voyages vers Paris et Berne « le matin où s'avance à toute allure le cockpit de l'avion de nuit qui ramène l'âme en Europe » (**16**) ; il constate en amoureux les « alternances de Californie », du « ciel nu » et des « bancs de brume basse » (**5**), contexte du coloris de tant de canevas ; il rappelle la fascination du « silence blanc de grandes plages vides » (**6**) et de leur insignifiance qui va inonder ses surfaces picturales ; il raconte comment « depuis les premières lithographies (1960) » Sam « s'est mis à peindre à plat » (**31**). Lyotard n'évite même pas l'exercice de la périodisation, on l'a pu dire, et pourtant l'ordre dans lequel les quarante-deux images du *Sam Francis* sont présentées n'est pas chronologique ou biographique mais la liste se construit plutôt selon une certaine logique associative de l'écriture ou selon la législation des défis de la visibilité.

Intertexte I : Bonnard

Lyotard n'est pas insensible à une mise en intertexte de l'œuvre de Sam Francis. Que les nymphéas et nymphes en flots de Monet bercent à l'horizon (**1**, **33**), et Matisse (**2**, **33**), et Delaunay (**2**), et après eux, Pollock qui fait « danser en sarabande » (*dripping*) (**2**) et Rothko « feuilletant l'album de limbes mélancoliques » (**2**), on ne s'en étonne pas. Et même le gris de Klee (**7**) et le noir et blanc de Malevitch (**7**), réminiscences plus que pertinentes... Et, au loin, le *blank* de Arakawa (**7**) et l'ironique nominalisme de Duchamp (**7**) accompagnent la stratégie lyotardienne de mise en deuil. Et la harpe de Debussy (**3**) dans la *Danse profane* pour cordes illustre le rapport essentiel au silence, tout comme les violons du *Quatuor n° 14* de Schubert (**35**). Mais avant tout, l'intertexte culminant est celui du « monde de Bonnard » (**1**) (voir illustrations 3 et 4, à la page 19), l'hédonisme de la « trop significative couleur » de Bonnard, donc de ses « surfaces [...] inondées d'insignifiance » (**6**), ses « parfums que la chair du monde exhale » (**33**). Sam Francis écrit en 1968 à Tokyo une réflexion sur Bonnard (« *Bonnard or Be Kind to Yourself Human Being* », Tokyo, *Bijutsu Techo*, avril 1968), partiellement reprise dans l'édition de *The Lapis Press*, et dans le livre que vous avez en mains (**39**), accompagnée d'une réflexion rêveuse de Lyotard.

Sam Francis. Curieusement, Bonnard, pour Francis, ne fonctionne pas comme le peintre de la « chair du monde », comme un hédoniste des couleurs, mais bien plutôt comme un joueur du politique (Bonnard et les bourgeois), du géopolitique (Bonnard et l'Europe et Paris face à l'Amérique et le Japon, et aussi la guerre du Vietnam et la « Bombe »), du libidinal (maturité, « sage sexualité domestique »), avec son intériorité paradoxale (énergie interne, rêves utopiques). Pourtant Bonnard, pour Francis, fait remémorer le silence et l'extase, l'orgie et la tendresse, la volupté des lèvres sur les seins, le paysage des *Flower Children*. Quelle idiosyncrasie, cette lecture euphorisante de Bonnard !...

Jean-François Lyotard. Et quelle subversion déconstructive de monter Quignard (**39**) contre Bonnard ! Il y a évidemment d'autres écrivains dans le commentaire-poème de Lyotard, et je les livre en vrac : Blake, Hölderlin, Melville, Celan, les Zen, Rimbaud, Mallarmé, mais Quignard est le pion le plus stratégique, la machine de guerre la plus efficace contre la lecture euphorisante de Bonnard que Francis présente. Quignard fait percevoir le « mutisme des mots », l'« en deçà des phrases », le « râle que la langue couvre ». C'est bien ce qu'il faut faire voir chez Bonnard : le mutisme et l'en deçà des couleurs, le râle que couvre la couleur, le « souffle gris » qui soutient la couleur, qui la fait oublier, la couleur comme plainte, l'en deçà des chatoiements des couleurs. Sous « l'éblouissante parade des pigments », il faut écouter la plainte des blancs, des noirs, des neutres. Il faut stigmatiser les « Vanités chromatiques ». « Passer la langue sous la langue des significations », non pas pour téter « le lait du sens » mais pour râler, grogner, gémir – ce n'est pas faire de la lèche comme le suggère Francis dans son poème Bonnard : *the best way to know a thing is to eat it lick it.* Et ainsi de suite. Quignard, déconstructeur du Bonnard de Sam Francis, juge de sa métaphysique de la plénitude.

Intertexte II : Pollock, Duchamp

Si Bonnard, tout comme Matisse et Monet, constituent indubitablement un intertexte de l'art de Sam Francis, il en va autrement des « expressionnistes abstraits » contemporains comme Pollock, Rothko, Still et Newman. La fuite de Francis à Paris dans les années cinquante était certainement une fuite de l'art américain de l'époque, et en premier lieu de l'œuvre imposante de Jackson Pollock. En outre, le conceptualisme cérébral, nu et ironique de Duchamp ne pouvait toucher la pratique sensualiste d'un coloriste comme Francis. Et pourtant, plus subtilement et sans doute plus inconsciemment, Francis, Pollock et Duchamp (voir illustrations 5, 6 et 7, à la page 19) se rencontrent au diapason le plus fondamentalement existentiel, celui de la rencontre homme/femme. Il y a très peu de figurativité dans l'œuvre de Sam Francis (on découvre une tête humaine qui se dessine vaguement dans *Untitled* de 1984 [**24**]), avec l'exception flagrante du dessin *encre sur papier* de 1958-60 (**15**). Simplicité, élégance, délicatesse des lignes qui font fusionner dans l'union les corps mâle et femelle. Elles sont juste sur le point de se transformer en une configuration abstraite, une morphologie de l'étreinte. La massification des membres réduit la géométrie à la courbe qui pourtant respecte l'incarnation anatomique, sans élément horizontal stabilisateur, qualité flottante qui reçoit son énergie par les « gouttes » (*drippings*) à la Pollock. Jean-François Lyotard, dans son commentaire-poème (**15**), a bien vu que la tension de la couleur et des ténèbres (« la mort des couleurs ») est générée par l'ambitus du désir (« Le désir ne demande pas la réalité, il exige l'impossible. Il lui faut la chose. ») : « on peint comme l'amour fait l'amour ». L'ascèse des excès chromatiques nous ouvre aux ténèbres de la pratique érotico-picturale. Ainsi, la *Leçon de Ténèbres* livre-t-elle les préceptes de l'art d'aimer ainsi que de l'art de peindre.

Il convient bien de mettre ce dessin de Sam Francis en parallèle avec *Portrait and a Dream*, tableau de 1953 de Jackson Pollock où la courbe et le *dripping* sont également constitutifs, mais l'énergie exprimée est évidemment plus chaotique, plus gestuelle que dans le dessin de Francis, plus éthérique, plus formel, moins charnel. On ne peut pas ne pas penser en ce lieu à un dessin tardif de Marcel Duchamp, de la série *The Lovers* (« morceaux choisis » d'après Courbet) de 1968, quelques jours avant sa mort, même si l'élément mâle s'est déguisé en colombe. Ce dessin prouve que le conceptualisme de Duchamp n'est qu'une mince couche qui cache à peine un érotisme englobant. Et qu'il y ait intertexte, quoique inconsciemment, de Sam Francis avec Pollock et Duchamp, me paraît indéniable.

« La magnificence donne une leçon de ténèbres. » (**5**)

La descente vers les ténèbres s'amorce par la focalisation attentive sur les *formes signifiantes*. Le signifiant pictural exhibe des renvois énigmatiques à une signifiance existentiellement condensée. Prenons les barreaux rectilignes de *Untitled* (**36**), *18 Free Floating Clouds* (**37**), *Dynamic Symmetry* (**38**), entre 1975 et 1980. Lyotard dépeint cette mise au carré comme un quadrillage qui encage le domaine du blanc, un peu à la façon des cellules de Louise Bourgeois. Ces câbles rectilinéaires manifestent une dureté mécanique qui ne peut être consolée que par les couleurs mélodiques. La détresse est inscrite dans cette tension entre la terreur des cages et le réconfort chromatique. Les barricades sont impressionnantes et tristes, et gagnent en puissance sur les couleurs et les lumières. La symétrie des carrelages impose un désespoir nostalgique et paralyse l'événement de la chair, la palpitation de la vie. Et parfois, comme dans *18 Free Floating Clouds*, l'imposition de la forme signifiante (la lucarne, le treillis) est bien subtile : l'étranglement du domaine du blanc fonctionne comme une cruauté perverse d'un rythme quasi parfait et harmonieusement angélique. Cruauté du hachoir qui coupe la chair en pièces égales, égalité des grandeurs selon la mesure d'une spatio-temporalité parfaite. Toutefois, cette focalisation sur les formes signifiantes n'est que le prolégomène à une étape plus essentielle de la descente vers les ténèbres. L'amant de la couleur, de la chair, de la vie va perdre son âme au long de ce parcours vers les ténèbres. Mais au lieu de commenter cette perte à partir de la focalisation sur les *formes signifiantes*, on pourrait également aboutir aux ténèbres en commentant le parcours de *l'acte de création* vers la cécité. Maintenant il s'agit de la main du peintre, de son geste, et, de toute évidence, de sa « vision ». Lyotard décrit magnifiquement ces mains du peintre à la tâche (**23**), ces mains qui « patouillent dans les pâtes et les pigments », ces mains qui n'obéissent à aucune conscience et téléologie, mais qui, dans leur parturition machinique, « accouche[nt] d'un ange aux mille parfums ». L'homme, « supposé père », s'éclipse pour que le *Il y a* de l'œuvre soit. Le peintre n'est que mains dans la matière – mains et matière fusionnent sans qu'aucun état d'âme ne parvienne à s'interposer. C'est bien ainsi que « création » et « expression » sont condamnables puisqu'elles réfèrent à l'idéologie de l'intériorité, au dieu de l'origine. Mais ces mains ont des yeux, et il le faut bien puisque la réserve naturelle du peintre est le *visuel*. Rien à faire : les mains du peintre ont du génie visuel, les mains du peintre sont du désir de voir. Mais sans s'abandonner aux « délices du regard » (**29**), aux charmes des apparences chromatiques. Le geste des mains ne s'attend qu'à l'apparition sans aucun intérêt pour les apparences. Et le visible résulte de ce désir de voir qui commande le geste des mains. Et puisque les mains du peintre n'existent que dans et par la matière, l'œuvre ne peut être qu'un espace-temps-matière (**35**) qui n'appartient d'ailleurs pas à l'artiste, ni au monde des référents, étant un espace-temps-matière utopique, uchronique, immatériel. « L'œuvre est ce paradoxe » qui oblige l'œil à se faire main, et la main à se faire œil, pour voir et surtout pour ne pas regarder : « je ne dis pas que tu vas commencer à voir mais, si dieu le veut, tu vas commencer peut-être à cesser de *regarder* » (**30**). Lyotard reconnaît qu'« entre le regard des humains et la couleur, il y a une très ancienne affaire. Ils se sont séduits, ils s'aiment, ils ont vieilli ensemble, accoutumés. Ils s'attendent. Chacun n'est chez lui que quand l'autre arrive, ils lisent dans leur cœur et boivent ensemble à la gloire du monde » (**41**). Nobles fiançailles, voilà toute l'histoire de l'art à partir des parois colorées du néolithique jusqu'à Bonnard.

Et la divine cécité aux couleurs immédiates, à la *magnificence* chromatique, ne peut être l'effet que de « la délivrance espérée du *regard* tendu au-delà de ce qu'il *voit* » (**28**). Regard, cesse de chasser… L'œuvre est ce « contradictoire bouquet à la gloire de ce que *voir* peut et ne peut pas » (**29**). Et souvenons-nous pourtant « que les ténèbres ne sont nulle part ailleurs que dans les chairs du monde et qu'elles secrètent la succulence de celles-ci » (**29**). Par conséquent, pas de dualisme des deux mondes : le monde de la chair, de la vie, des couleurs et des délices du regard d'une part, et le monde des ténèbres, des abîmes, et de l'impossible désir de voir de l'autre. S'il y a œuvre d'art, c'est que ces deux mondes ne sont qu'un, et que la descente vers les ténèbres *est* ce passage vers l'espace-temps-matière utopique, uchronique, immatériel que constitue le *Il y a* de l'œuvre d'art.

Tout ce qui suit n'est qu'une paraphrase de ce paradoxe que Lyotard construit et illustre dans son commentaire-poème des quarante-deux tableaux de Sam Francis. Puisque le *Sam Francis* est une « *leçon* de ténèbres », je me permets de creuser davantage cet « enseignement ». Il s'agit bien de comprendre ce qu'il en est du *voir*, d'« honorer la vision divine » (28), d'encourager le Génie visuel, lui qui « ne permet pas à la vue de s'abandonner aux délices du regard » (29). La « machine » qu'est le Génie visuel est un « art de servir » (25) l'« immense potentiel d'organisations visibles », une « réserve » (24) et capable de faire l'ascèse du regard. Il est vrai que « les territoires de la vue craquent, l'horizon se dilate, l'autorité ordinaire des yeux sur leur domaine est bafouée » (25). C'est ainsi que le Génie visuel s'ancre dans la matière, lui qui est ange annonciateur de l'œuvre, ange fugace pourtant qui n'a pas la permanence charmante du messager de vérité et de beauté. On risque constamment de voir s'envoler l'ange, de le voir s'évaporer, de faire retomber le voir dans le regarder, en sorte que le visible se transforme en référent mondain. Le plus difficile est d'y voir une « leçon de *ténèbres* ». Où sont les ténèbres, comment le visible est-il « ténèbres » ? Comment le Génie visuel est-il aveugle ? Qu'en est-il de la cécité essentielle que Lyotard projette dans l'artiste peintre, dans Sam Francis le coloriste même ? Voir et ne pas voir, voir et ne pas être capable de voir, voir parce qu'on n'est pas capable de voir, voir pour ne pas être capable de voir. À première vue, une « inconsistance ténébreuse » (12), une contradiction même. Oui, l'œuvre est un paradoxe (35), mais un paradoxe structuré innocemment selon la logique du « comme si » dont je ne dis que peu de choses, seul un syntagme de Lyotard lui-même : « *Comme si* (on dit "comme si" en parlant de peinture), comme s'il ne restait de la pulpe que l'arôme fugace » (33) : voir *comme si* on est aveugle, magnificence de la couleur, de la chair, de la vie, *comme si* c'est des ténèbres...

En bref, « méchante querelle, toute de spéculation. D'un même geste, l'œuvre fait hommage au merveilleux visible et témoigne de l'énigme visuelle. L'un trahit l'autre, la luxuriance masque la misère, et elle l'invoque. [...] D'un même timbre, la couleur me dit : viens, je suis ta consolation, je guéris ta mélancolie, aime-moi, et elle me dit : va, je suis ta déception, traverse-moi, perds-toi et nais à la vérité absente » (20). Par conséquent, l'œuvre nous fait vivre dans la perdition, dans la déception, dans la fausseté de la consolation et de la mélancolie – « l'art est cruel pour l'humain. Il montre que ce n'est rien de montrer. Sous couleur de se faire voir, les couleurs ici font entrevoir ce qu'elles aveuglent » (40). « La peinture s'expose à la nuit de la divine castration, elle en sort aveuglée, entre visible et invisible. Samuel est "nom de Dieu", Shemu'el. Et Francis est nom d'homme, généreux et probe. Leçon de Ténèbres » (43). Le probe peintre Samuel Francis, nous chuchote Lyotard, Samuel Francis, ce Génie visuel, ce généreux « dieu visuel » (28) « arrach[e] à l'ange les secrets du visuel [pour] les divulguer en œuvres visibles » (43). Lamentation de Jérémie, plainte du Vendredi Saint (7), on ne peut que se plaindre et – « Pâques joyeuses, lac du pardon » (43) – se réjouir de cette vanité qui génère le geste de l'artiste et le poème du philosophe.

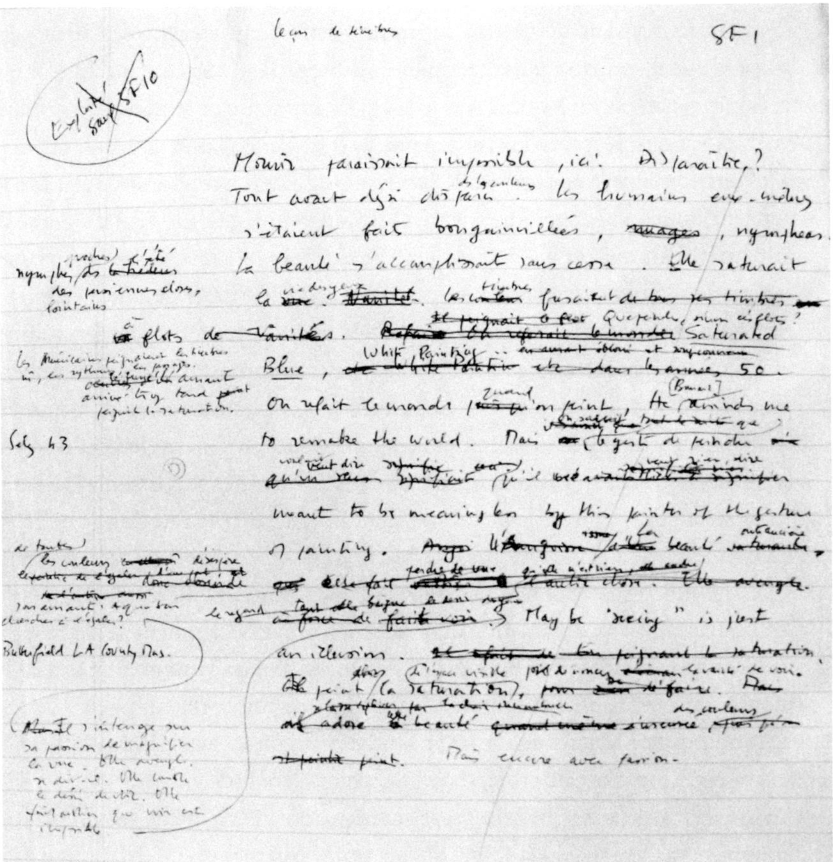
SF1
Saturated
Blue
to remake the world.
May be "seeing" is just
an illusion.
Butterfield LA County Mus.

1

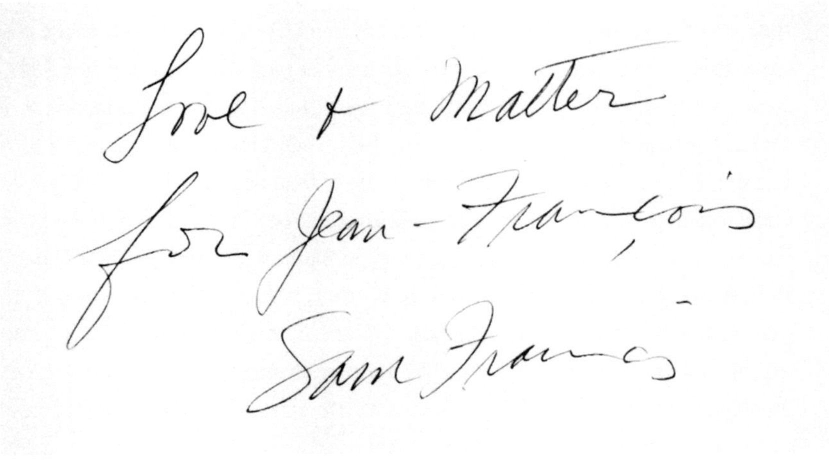
Love + Matter
for Jean-François
Sam Francis

2

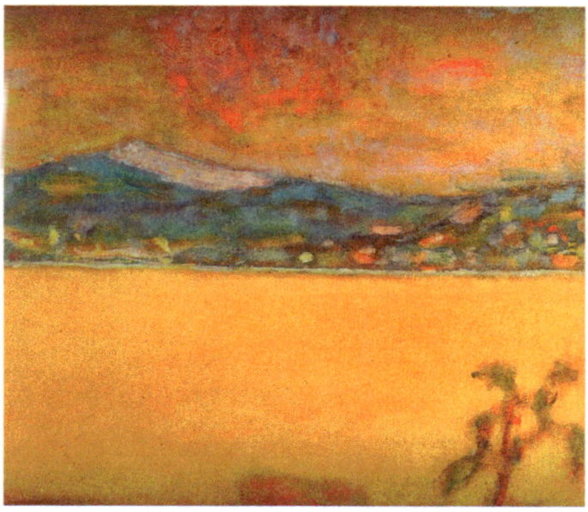
3 Pierre Bonnard, *Le golfe de Saint-Tropez*, 1937

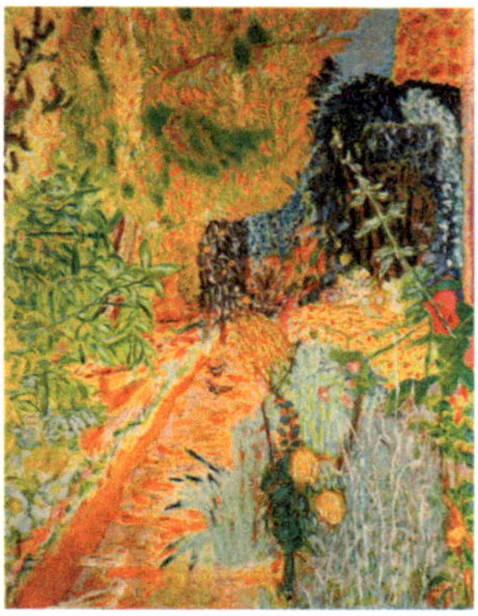
4 Pierre Bonnard, *Le Jardin*, 1937

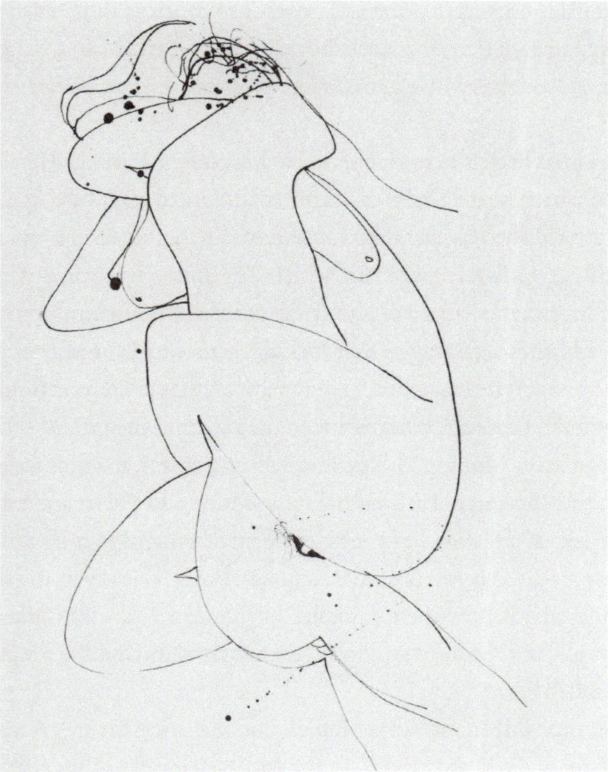
5 Sam Francis, *Untitled*, 1958–60

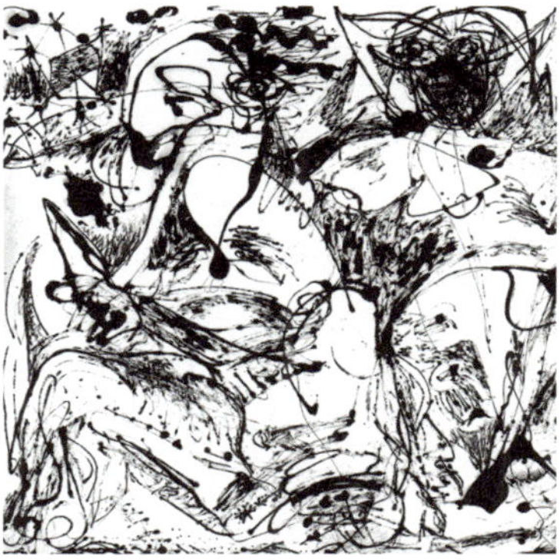
6 Jackson Pollock, *Portrait and a Dream*, 1953

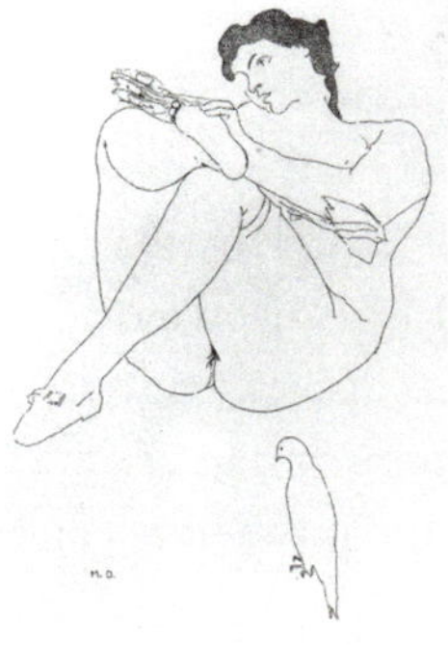
7 Marcel Duchamp, *The Lovers*, 1968

Preface

HERMAN PARRET

IN MARCH 1990, JEAN-FRANÇOIS LYOTARD WAS INVITED to contribute to the British avant-garde magazine *Blank Page* (London, P4 Publishing, limited print of one hundred and fifty copies) with a text on an artist of his choice. Lyotard responds favourably and, in June 1990, writes a first commentary-poem on Sam Francis, entitled *La peinture à même. Esquisse d'hommage à Sam Francis* (*Painting right on it. Tribute Sketch to Sam Francis*). These dense and highly suggestive five pages will be published in the fourth issue of the magazine under the title of *Painting right on it*, as translated by Geoffrey Bennington. This sketch, which was never published in French and which will be printed in the fourth volume of our series in Bennington's translation, has to be considered not so much as the first sign of interest that Lyotard showed in Sam Francis's work, but more as an exercise in composition by a developing reflection, one that will lead to the essay-poem you have before you in the present volume.

Lyotard's interest in Sam Francis begins in 1985, parallel to his interest in Karel Appel's painting, another colourist to whom he dedicates the inspired and lucid text, *Karel Appel. A Gesture of Colour*, which we published as the first volume of our series. Sam Francis was represented in Paris by the Galerie Jean Fournier, which, beginning in 1976, organized an annual exhibition of his recent works. For a preview of a display of paintings by Francis in 1988, the gallery publishes a catalogue that includes a text by Yves Michaud, "Sam Francis' Work Painted on Paper: Introduction", along with a series of conversations between Michaud and Sam Francis that took place between the 14th and the 17th of June 1988 in his Californian studio in Santa Monica. These conversations, as well as a first series of interviews also carried out by Michaud in Paris on the 17th of June and the 1st and 2nd of July 1985, served as the horizon of reflection for the essay-poem of Lyotard that we publish in this volume. Lyotard never directly refers to these sources, but he selectively draws his inspiration from them and that is how the catalogues of the Jean Fournier Gallery formed a part of the bibliography that Lyotard studied and annotated during the preparation of the essay that we publish here.

Lyotard meets Sam Francis, probably in his Santa Monica studio, during his stay as visiting professor at the University of California Irvine in the spring semester of 1992, and receives an invitation from *The Lapis Press* in Los Angeles, the art book publishing house that Sam Francis owned, to publish a text on Francis on the occasion of an important retrospective of his work in several museums in America and Europe, in Paris, among other places. The text is written during the spring and summer of 1992 and is published in 1993, the year before Sam Francis' death, in the form of a bibliophile's art book, again in a wonderful translation by Geoffrey Bennington. The publication of the original French text was negotiated between *The Lapis Press* and a French publishing house but the negotiation was not successful. The book you have before you revives the original text and Bennington's translation face-to-face, in accordance with the principle of our series, along with the reproduction of forty-two Sam Francis works that Lyotard "comments" upon and "textualizes", "dreamily" deploying his reflection on what painting, colour, matter, the visible is about...

The manuscripts from the *Bibliothèque Littéraire Jacques Doucet,* where the Lyotard archives are located, point to the enormous research and documentation work that Lyotard carried out at the time of writing his commentary-poem. (see illustration 1, on page 18) However, the paintings that are commented, and that Lyotard paraphrases and "interprets," are all reproduced in two often consulted books: Peter Selz's classic Sam Francis monograph (New York, Harry N. Abrams Publishers, 1982) and the exhibition catalogue of the Idemitsu Collection at Yayoi Gallery, Tokyo, from 1987. Selz's book, like the interviews by Michaud mentioned above, was diligently annotated, page after page. And yet the way that Lyotard will interpret the profound sense of Sam Francis' work is the antipode of Selz's canonical and orthodox presentation. In fact, the Lyotardian "transposition" allows us to discover a paradoxical, "differential" Sam Francis – the art of Sam Francis is not an apology for the omnipresence of the visible and a song of the splendour of colours, but a *Lesson of Darkness, "like the paintings of a blind man".*

"Love + Matter, for Jean-François. Sam Francis"

Sam Francis, great traveller of the world, artist in four studios – Paris, Bern, Tokyo and especially Santa Monica –, Air Force pilot in 1943 and seriously wounded during the war, in love with the light of Los Angeles and the *vita californiana,* fascinated by Japan and Zen Buddhism, gravely ill during the last years of his life and incapable of painting with his right hand, a more painterly than gestural colourist, and in this sense at the antipode of Pollock, fascinated by the Jungian subconscious and by biomorphologies, builder of enormous mural spaces but working also as miniaturist on paper and etchings, Sam Francis, though influenced by Mark Rothko and Clyfford Still, refused to be labelled an "abstract expressionist".

Francis' entire philosophy of art is summarized by the concise dedication that he inscribes in the exhibition catalogue of the Idemitsu Collection in Tokyo, sent to Lyotard around 1993: "*Love + Matter. For Jean-François.*" (see illustration 2, on page 18) One can complete the equation: "*Love + Matter = Art*", which is perfectly in tune with another aphorism of Francis: "*Art is at the heart of matter*". It is obviously this philosophy of art that Jean-François Lyotard deconstructs, contests, supplements, he, eulogist of the complex, the differential and the abyssal. Certainly, Sam Francis' work praises the luxuriance of colour, the exuberance of the sensible; it displays and excites matter with love and passion. Nevertheless, the Lyotardian dialectic sows disquietude in this euphoric atmosphere, it makes one feel that the clairvoyant of this glorious sensible is a blind man, that the visible of colours does not give itself to vision, that the tangible of matter does not give itself to touch. "I'm not saying that you are going to begin to see but you are perhaps going to stop looking" – "Painting so that it ceases to let itself be seen", this is how Lyotard implants difference in Sam Francis' "artistic project". Subtle yet radical transposition that uncomfortably detaches us from a simple metaphysics of plenitude and profundity.

This metaphysics of fullness and depth has nonetheless generated the orthodox and canonical gloss of Sam Francis' commentators, first of all in the "official" monograph of Peter Selz (1982) that Lyotard duly studied and annotated, page by page. Selz notices in Francis a fullness of joy, a state of sublimation, a radiant energy, a pictorial hedonism, a positive affirmation of oneself and of the sensible world. According to Selz, there is in Francis a total beneficial concordance between painting and reality – and he makes the most of a Sam Francis aphorism: *The world was created to paint one picture.* Francis took this idea over from Jasper Johns, and he claims to be aware that the painter's frenzy is the effect of the fact that each painting is *in concreto* nothing but a *symptom* of this desire for concordance between the painting and the world. The painting is a "symptom picture" of the desire to paint. There is a whole philosophy of the *image* in this intuition of Francis – here is what Lyotard quotes about this in a corner of a page of manuscript: "*Maybe 'seeing' is just an illusion. I don't really know. I don't think I can 'see' that image fully until I make it. The process of painting is one of* devotion *to that image.*" However, the world as correlate of this image, of this subconscious dream, is revealed as a vital world, a presence of *eros*, an intertwining of the four elements, colour and light, the aquatic world of Poseidon and Proteus, the world as inferno of flames, day and night as extension of the dream, suspension, levitation and (de)crease, all these (verticalizing) agitations of the constellation of the four elements. This world is not really an ontology, not a domain of myths and narratives, but an ambiance of bliss, and the freestyle stroke of the painter creates only splashes that are transparent, like clear ice, grains of beauty.

Here is the canon of the commentator before the images, these spaces of dream that Sam Francis has handed down to us. Certainly, the work has known an evolution, and Lyotard took an interest in the formal shifts that Francis' art of painting passed through between 1949 and 1990, the dates of the first (**8**) and the last painting (**42**) printed in the book you are now reading. We discover in the preparatory manuscripts a rudimentary periodization whose fragments are found here and there in the poem-commentaries – it seems that Lyotard takes an interest above all in the years 1950-57, amongst other pieces in *Saturated Paints* and *Sail Paints* (**16**; see **26**), and in the acrylics starting from 1967 on (**34**).

In the fifties, Sam Francis' Parisian period (Paris, refuge of Sam in flight from the effervescence of the New York "abstract expressionism"), the young painter applies to his paintings, on the one hand, the saturation of colours (**1** *Saturated Blue*) and, on the other, a structure in cellular units captured in a limitless rhythmic movement that strangely resembles what one perceives under a microscope (**5** *Opposites*) – these "amorphous" forms are like protoplasms, high and vigorous in colours (blue, red), primary elements of this vital world that the painter inserts, world of four elements, in search of the stabilization of the eternal movement of blood cells. The Parisian skies, their greyness, push Francis towards blackish monochromy (**9, 10** and **11**), but not without a struggle: the yellow, even though pushed to the margins by the black cells in an eternal swirl – the yellow as primary tensive opposite to black – prevents the expansion of the blackishness, Francis's resistance to a biomorphology without sun, without whiteness.

A second period begins around 1957 (Francis travels all over the world, and settles in California), that of the *conquest of white*. Furthermore, this conquest has been Sam Francis' life project: how to open the pictorial space, with delicacy and grace, to white, to silence, to the infinite and to the ineffable, to the fullness of emptiness. *The Whiteness of the Whale* (**30**), from 1957, just like *Meaningless Gesture* (**6**), from 1958, confront us exemplarily with this struggle for whiteness. White is a drama and a liberation, and Lyotard notes somewhere: "'Not the white, the notion of white' (Beckett). What we call colour: arbitrary cutting of the spectre by names. White: all colours, but through subtractive synthesis. Hence, the *unnamed.* One sees only what one names. One does not see white. In front of the white, chromatic blindness. Paint that I have never seen." Hence: it is the *nothing* that one sees in white, and this is why Lyotard is fascinated by Francis' fascination with white. *The Whiteness of the Whale* – actually, Melville, facing the albatross, the gods that are all in white, imperial colour, colour of magnificence, but equally facing the transcendent horror, the panic and the fog of the ghosts, the vast emptiness of the universe. The White Whale is power and energy confronted with forms in colour, it is the ocean that surrounds the masses of land. It is what Sam Francis shows us in *The Whiteness of the Whale* and in *Meaningless Gesture* – suspension, levitation, expansion of white in the conquest of colour, and *Moby Dick*, still in 1958 (**32**) reveals this same battle, this same internal energy of white, and this expansion without limit. So many philosophical questions rise up. Does white exist like the Great Void or the Great Whole? Is white a space or the absence of space? Is white a Thing or Nothing? Does it express a nostalgia or an accomplishment? The fact is that this series of paintings (from 1957 to 1961), sometimes called the *Japan Series* or *Sail Paintings*, is made up of masterpieces that exemplarily permit the dialectics of *nothing* practiced by Lyotard. I cannot help myself from quoting in this context another thought of Lyotard found on a piece of paper in the manuscripts: "The *philosopher*: 'Let's say that I said nothing': this does not mean that nothing has been said, not mute silence. Only that the nothing has been said, silence. After all, 'has been said' is saying a lot. At least it was sought for." The *Japan Series* obviously leads us towards this philosophy. White, not mutism, but silence – in the white, the *nothing* is said, not the Thing or Space. Obviously, Sam Francis is not this "philosopher" but he reveals an anxiety of the artist that Lyotard will capture in his commentary-poem.

The *problematon* of *white* remaining undecided by nature, Sam Francis, from the winter of 1960, at the time of a very threatening tuberculosis, introduces other formal concerns into his painting. And blue becomes the predominating colour that replaces white. The almost fatal illness excites his *biomorphic* imagination – it is the sequence of *Blue Balls* (**26,** *Blue Balls* VII), these organic objects that float in space with a varying degree of speed – in fact, *floating*, just like suspension, elevation, expansion, is a rhythm and a tempo dear to Francis, without doubt the rhythm and the tempo of *eros*. Blowing up and inflating, another pictorial movement in the biomorphic imagination. The life-in-painting is like the egg that cracks and squirts its liquid, gushing out all around. Gigantic constellations, physiological forms, spermatozoids, embryos, vaginas, phalluses, atomic particles, circular forms like Saturn with its ring, suggestions of sexuality, procreation, energy and life in metamorphosis are abundantly depicted. Nevertheless, the blue sphere of *balls* is perceived in its fragility, fragile like the flesh of the interior human body. The "orthodox" commentators have obviously emphasized the biographical link of this sequence of *Blue Balls* with the organic, biological feeling of an ill Sam Francis.

Afterwards, from 1963 until the end of the sixties, as in *When White* (**27**) and *Bright Ring* (**28**), red will bring a new joy (Francis always considered red to be the psychological antipode of the blue), passage of fire, vigorous power, fullness of life, even virility. Francis moves permanently to Santa Monica and the magnificence of the Californian light shines in the white that reconquers the canvas. The white takes the centre of the painting over again, framed by the expelled colours and losing power. *When White* is one of Francis' most beautiful paintings, this blinding light, quivering with tension and potentiality, expansive veil beating against the wind, pushing the biomorphic forms back to the perimeter, this red triangle to the left, beating naked heart, and this blue snake, aggressive, libidinal. This force in the *dripping* disappears in *Bright Ring* (**28**), and in *Untitled* of 1968 (**14**), where a geometrized veil now reigns, voluminous (weightless volume) but cold, in fact a rectangle, largely white, domain of silence and of the infinite, with no focusing. Is this New York minimalism? No, there is too much mystery in this white, a dynamic expansiveness, and above all the volume of whiteness is not an empty and inert field but a veil that drifts onto the coloured zones, a drift inherent to the thermodynamics of Francis.

The seventies bring about a pictorial figuration that is slightly peculiar: Jung and the alchemic speculations made their presence felt. *Coral Branch* (1971) (**19**), *Question to Heaven* (1974) (**25**), *Permanent Water* (1973) (**34**) testify to it. The domain of whiteness is firmly locked. The atmospheric volume is no longer really empty but framed by bands of mixed colours. These bands are like beams, Heracletian columns, not symmetrically disposed but offering a heavy supporting structure that subdues the domain of whiteness. The white is crushed by the solid structural forms, and has no more force of expansion. The helplessness of the white, its dramatic contraction, is manifest in *Joyous Lake* (1977) (**41**) and *Easter* (1977) (**43**), where one clearly notices that the figuration embodies a certain unconscious. In the meantime, Francis has encountered psychoanalysis, and he experiments with alternative materials (watercolours, engravings). The atmosphere is heavy, turbulent, and a certain fascination for the nuclear white rectangle that Francis called "*hole of infinity*" stirs the unconscious. Suffocation, strangulation is evident in the painting where the uncontrollable anxiety culminates, *Mother Blue* (1974) (**20**), from the series of *Mandala Paintings*. This mysterious and magical painting is narrowed around a small white square, and the heavy bands, stained with the red of drops of blood, and the "blue of the mother" constitute impenetrable, insurmountable limits. The mandalas, these surfaces of meditation, are doorways that bring us towards the tunnels of the unconscious, opening more and more in depth towards the psychic core.

Towards the end of the seventies and throughout the following decade, Sam Francis returns to the surface format, to organic structures that symbolize and indexicalize the human body (the Golden Section) and that transpose themselves into other configurations, as in the sunflower disc or in certain shells. *Dynamic Symmetry* (1978) (**38**) shows a first phase of this process: that of extreme structuring, the most perfect and symmetrical trellis, which would have to deliver us from all depth. The more we advance through the eighties, the more the trellis hardens. This hardening is exemplarily realized through a surplus of matter, of the dark blue paint in *18 Free Floating Clouds* (1980) (**37**). But, in the same period and at the same time, Francis gets away from too much depth, not just by means of this gesture of extreme structuring but equally by another strategy that marks the last paintings "commented" upon by Lyotard, those from 1984 to 1990, the whole *Untitled* series (**22, 24, 29, 35, 42**). Strategy of frivolity, fickleness, de-dramatisation, strategy of disorder of coloured forms in clear contours that only graze sight without engaging the soul. *Untitled* (1990) (**42**) is the last painting on the chronologic list. The crimson, exceptional in Francis, is appealing, but the agreeable, the too-agreeable, as one knows, does not produce the aesthetic shock.

Such a chronological taxonomy as that presented in the preceding lines was not really the main concern for Jean-François Lyotard. Lyotard is not totally disinterested in Sam Francis' biographical anecdotes: he evokes the hospital room in San Francisco, after the accident at the end of the war, where "he had looked at the light on the ocean [...] between death and life" to discover that its substance is black (**4**); he evokes the frequent journeys to Paris and Bern "the morning through which the cockpit of the night aeroplane taking the soul back to Europe is advancing" (**16**); he notes with affection "the alternations of California", the "naked sky" and the "low fog-banks" (**5**), the colour context of so many canvases; he recalls the fascination of "the white silence of great empty patches" (**6**) and their insignificance, which will flood his pictorial surfaces; he describes how Sam "began to paint flat" "from the first lithographs (1960)" (**31**). Lyotard does not even avoid the exercise of periodization, as we put it, and yet the order in which the forty-two images of *Sam Francis* are presented is not chronological or biographical; the list is built rather according to a certain associative logic of writing or according to the legislation of the challenges of visibility.

Intertext 1: Bonnard

Lyotard is not insensitive to an intertextual approach of Sam Francis' work. It is not surprising that the white lilies and the floating nymphs of Monet sway at the horizon (**2, 33**) and Delaunay (**2**), and after them, Pollock, who makes one "dance in a haggard sarabande" (*dripping*) (**2**), and Rothko, "flicking through the album of melancholic limbo worlds" (**2**). And even the grey of Klee (**7**) and the blank and white of Malevitch (**7**), more than relevant memories ... And, in the distance, the *blank* of Arakawa (**7**) and the ironic nominalism of Duchamp (**7**) accompanying the Lyotardian strategy of mourning. And the harp of Debussy (**3**) in the *Profane Dance* for strings illustrates the essential relation to silence, just like the violins in Schubert's *Quatuor* no. 14 (**35**). But above all, the culminating intertext is "Bonnard's world" (**1**) (see illustrations 3 and 4, on page 19), the hedonism of the "too meaningful colour" of Bonnard, thus of its "surfaces [...] flooded with [...] insignificance" (**6**), its "perfumes exhaled by the flesh of the world" (**33**). In 1968, in Tokyo, Sam Francis writes a reflective essay on Bonnard ("*Bonnard or Be Kind to Yourself Human Being*", Tokyo, *Bijutsu Techo*, April 1968), partially published in *The Lapis Press* edition and in the book that you hold in your hands (**39**), which includes a dreamy reflection by Lyotard.

Sam Francis. Oddly enough, Bonnard, for Francis, does not operate like the painter of the "flesh of the world", like a hedonist of colours, but rather more like a player of politics (Bonnard and the bourgeoisie), of geopolitics (Bonnard and Europe and Paris facing America and Japan, and the war in Vietnam and the "Bomb", too), of the libidinal (maturity, "wise domestic sexuality"), with his paradoxical interiority (internal energy, utopian dreams). However, for Francis, Bonnard recalls the silence and the ecstasy, the orgy and the tenderness, the voluptuousness of lips on breasts, the landscape of *Flower Children*. What an idiosyncrasy, this euphoric reading of Bonnard...!

Jean-François Lyotard. And what a deconstructive subversion, to place Quignard (**39**) against Bonnard! Certainly there are other writers in Lyotard's commentary-poem, and I list them at random: Blake, Hölderlin, Melville, Celan, the Zen writers, Rimbaud, Mallarmé. But Quignard is the most strategic pawn, the most efficient war machine against the euphoric reading of Bonnard that Francis presents. Quignard makes one sense the "mute silence of words", the "below of phrases", the "language that covers the groan". That's exactly what has to be shown in Bonnard: the mutism and the below of colours, the colour that covers the groan, the "grey breath" that supports colour, which consigns it to oblivion, colour as complainant, the below of the shimmering of colours. Under the "dazzling parade of pigments," one has to listen to the complaint of whites, blacks, neutrals. "Chromatic Vanities" have to be stigmatized. "To pass the tongue below the language of significations", not in order to suckle "the milk of sense" but in order to groan, to growl, to wail – this is not to suck up to it, as Francis suggested in his Bonnard poem: *the best way to know a thing is to eat it lick it.* And so on. Quignard, deconstructor of Sam Francis' Bonnard, judge of his metaphysics of plenty.

Intertext II : Pollock, Duchamp

If Bonnard, just like Matisse and Monet, doubtlessly constitutes an intertext of Sam Francis' art, it is different with the contemporary "abstract expressionists" like Pollock, Rothko, Still and Newman. Francis' flight to Paris in the fifties was surely a flight from the American art of the time, and firstly from the imposing work of Jackson Pollock. Moreover, and differently, Duchamp's cerebral conceptualism, naked and ironic, could not affect the sensualist practice of a colourist like Francis. And yet, more subtly and no doubt more unconsciously, Francis, Pollock and Duchamp (see illustrations 5, 6 and 7, on page 19) meet on the most fundamentally existential pitch, that of the man/ woman encounter. There is little figurativity in Sam Francis' work (a human head is perceivable as vaguely drawn in *Untitled* from 1984 [**24**]), with the obvious exception of the drawing *ink on paper* from 1958-60 (**15**). Simplicity, elegance, delicacy of lines blending in the union of the male and the female bodies. They are just about to transform themselves in an abstract configuration, a morphology of the embrace. The massification of the limbs reduces the geometry to the curve that nevertheless respects the anatomic incarnation, without any stabilizing horizontal element, a floating quality that gets its energy through the "*drippings*" à la Pollock. Jean-François Lyotard, in his commentary-poem (**25**), saw clearly that the tension of colour and darkness ("the death of colours") is generated by the ambitus of desire ("Desire does not ask for reality, it demands the impossible. It needs the thing"): "one paints like love makes love". The asceticism of chromatic excess opens up to us the path to the darkness of erotico-pictorial practice. Thus the *Lesson of Darkness* delivers the precepts of the art of love as well as of the art of painting.

One should put this drawing by Sam Francis parallel to the *Portrait and a Dream,* a painting from 1953 by Jackson Pollock where the curve and the *dripping* are equally constituent but the expressed energy is evidently more chaotic, more gestural than the Francis' drawing, more ethereal, more formal, less carnal. One cannot help thinking here of a late drawing by Marcel Duchamp, from *The Lovers* series ("pieces chosen after Courbet") from 1968, a few days before his death, even if the male element is disguised as a dove. This drawing proves that Duchamp's conceptualism is nothing but a thin layer barely hiding an encompassing eroticism. And it seems undeniable to me that there is intertext, of course unintentional and unconscious, between Sam Francis, Pollock and Duchamp.

"Magnificence gives a lesson of darkness" (**5**)

The descent towards darkness begins with the careful focus on *signifying forms.* The pictorial signifier exhibits enigmatic references to an existentially condensed significance. Take the rectilinear bars of *Untitled* (**36**), *18 Free Floating Clouds* (**37**), *Dynamic Symmetry* (**38**) from the period 1975-1980. Lyotard depicts this squaring like a grid that cages the domain of the white, a bit like Louise Bourgeois' cells. These rectilinear cables manifest a mechanical hardness which can only be comforted by melodic colours. The distress is inscribed in this tension between the terror of cages and the chromatic comfort. The barricades are disturbing and sad, overpowering the colours and the lights. The symmetry of the tiles imposes a nostalgic despair and paralyses the event of the flesh, the palpitation of life. And sometimes, as in *18 Free Floating Clouds*, the imposition of the signifying form (the dormer, the trellis) is highly subtle: the strangulation of the white domain functions as a perverse cruelty of a quasi-perfect and harmoniously angelic rhythm. Cruelty of the slicer that cuts the flesh in equal pieces, equality of magnitudes according to the measure of a perfect spatio-temporality.

Nevertheless, this focus on significant forms is only the prolegomena to a more essential step of the descent towards darkness. The lover of colour, of flesh, of life will eventually lose his soul on this journey towards darkness. But instead of commentating upon this loss starting from the focus on *significant forms*, one could just as well reach darkness by commentating upon the journey of the *act of creation* towards blindness. Now it is a question of the painter's hand, his gesture, and, obviously, his "vision". Lyotard splendidly describes these hands of the painter at work (**23**), these hands that "flounder in paste and pigment", these hands that obey no conscience and teleology but that, in their machine-like parturition, "give birth to an angel with a thousand perfumes". Man, "the presumptive father," slips away in order for the *There is* of the work to be. The painter is only hands in matter – hands and matter fuse without any state of the soul managing to interpose itself. It is in this way that "creation" and "expression" are condemnable, since they refer to the ideology of interiority, to the god of origin. But these hands have eyes and this has to be so, since the painter's natural reserve is the *visual.* It's no use: the hands of the painter have visual genius, the hands of the painter desire to see. But without abandoning itself to the "delights of the gaze" (**29**), to the charms of chromatic appearances. The gesture of the hands expects only the apparition, without any interest in appearances. And the visible arises from this desire to see that commands the gesture of the hands. And since the hands of the painter exist only in and through matter, the work can only be a space-time-matter (**35**) that, moreover, belongs neither to the artist, nor to the world of referents, since it is a utopian, uchronic, immaterial space-time-matter. "The work is this paradox" that compels the eye to become hand and the hand to become eye, in order to see and above all in order not to look: "I'm not saying that you are going to begin to see but, if god wills it, you are perhaps going to stop *looking*" (**30**). Lyotard admits that "between the gaze of humans and colour, there is a very old affair going on. They seduced each other, they love each other, they have grown old together, used to each other. They wait for each other. Each is only at home when the other arrives, they can read the secrets of each other's hearts and drink together to the glory of the world" (**41**). Noble engagement, here is the entire history of painting from the coloured rock faces of the Neolithic up to Bonnard.

And the divine blindness to immediate colours, to the chromatic *magnificence,* can only be the effect of the "hoped-for deliverance of the *gaze* stretched out beyond what it *sees*" (**28**). Stop chasing, gaze ... The work is this "contradictory bouquet to the glory of what *seeing* can and cannot do" (**29**). And yet we remember "that the darkness is nowhere other than in the flesh of the world and that it secretes that flesh's succulence" (**29**). As a consequence, no dualism of the two worlds: the world of flesh, life, colours and the delights of sight on one side, and the world of darkness, abysses and the impossible desire to see on the other side. If there is work of art, it is because these two worlds are only one, and because the descent towards darkness *is* this passage towards the utopic, uchronic, immaterial space-time-matter that constitutes the *There is* of the artwork.

All that follows is nothing but a paraphrase of this paradox that Lyotard creates and illustrates in his commentary-poem on the forty-two paintings by Sam Francis. Since *Sam Francis* is a "*lesson* of darkness", allow me to dig deeper into this "lesson". It's a matter of understanding what *seeing* is about, "to honour the divine vision" (**28**), of encouraging the visual Genius, he who "does not allow sight to abandon itself to the delights of the gaze" (**29**). The "machine" that is the visual

Genius is an "art of serving" (25) the "huge potential of visible organisations, a reserve" (24) capable of performing the asceticism of seeing. It is true that "the territories of sight crack, the horizon dilates, the ordinary authority of the eyes over their domain is challenged" (25). This is how the visual Genius anchors itself in matter, he, the angel annunciating the work, a transient angel, and yet one that does not possess the charming permanence of the messenger of truth and beauty. There is a constant risk that the angel vanishes, that he evaporates, that seeing falls back into looking, that the visible is transformed into the mundane referent. The most difficult thing is to see a "lesson of *darkness*" there. Where is the darkness, how is the visible darkness? How is the visual Genius blind? What about the essential blindness that Lyotard projects in the painter artist, in Sam Francis the colourist himself? Seeing and not looking, seeing and not being capable of looking, seeing because we are incapable of looking, seeing so that we are incapable of looking. At first sight, a "dark inconsistency" (12), even a contradiction. Yes, the work is a paradox (35), but a paradox innocently structured according to the logic of the "as if," about which I will say a few words, only a syntagm of Lyotard himself: "*As if* (people say 'as if' when they talk about painting), as if all that remained of the fruit-flesh was its transient odour" (33): seeing *as if* one is blind, splendour of colour, of the flesh, of life, *as if* they are darkness...

In short, "[b]ad quarrel, entirely speculative. In one and the same gesture, the work pays homage to the visible marvel and bears witness to the visual enigma. One betrays the other, luxuriance masks misery, and invokes it. [...] In one and the same timbre, colour says to me: Come, I am your consolation, I cure your melancholy, love me, and it says to me: Go, I am your deception, traverse me, lose yourself and be born to absent truth." (20). Hence, the work makes us live in perdition, in deception, in the falsity of consolation and melancholy – "art is cruel for the human. It shows that showing is nothing. Flying the colours of making themselves seen, here colours let glimpse what they blind" (40). "Painting exposes itself to the night of divine castration, it comes out of it blinded, between visible and invisible. Samuel is 'name of God', Shemu'el. And Francis is the name of a man, generous and full of probity. Lesson of Darkness" (43). The upright painter Samuel Francis, Lyotard whispers to us, Samuel Francis, this visual Genius, this generous "visual god" (28) "drag[s] from the angel the secrets of the visual and divulge[s] them in visible works" (43). Lamentation of Jeremiah, lament of the Holy Friday (7), one can only complain and – "joyous Easter, lake of pardon" (43) – rejoice with this vanity that produces the gesture of the artist and the poem of the philosopher.

Translated by Vlad Ionescu and Peter W. Milne

Jean-François Lyotard

Sam Francis
Leçon de Ténèbres
« like the paintings of a blind man »

Jean-François Lyotard

Sam Francis

Lesson of Darkness

'like the paintings of a blind man'

1 Saturated Blue, 1953

Oil on canvas, 77 × 45 inches, Collection Franz Meyer

I

Saturated Blue, 1953

To remake his world paraissait impossible, le monde de Bonnard. Toutes les choses s'étaient dissipées, leurs couleurs volées, envolées, déposées sur des milliers de toiles et de papiers, depuis Monet. Les humains s'étaient fait bougainvillées, nymphéas, neiges et calanques, nymphes irradiées dans l'été des persiennes closes. La beauté s'accomplissait sans cesse, elle n'attendait rien. Elle saturait la vie des yeux, elle désespérait le désir de voir. Les timbres fusaient à flots. À quoi bon peindre, après ces flots ? Que peindre sinon le spleen qui émane des flots ?

1

Saturated Blue, 1953

To remake his world appeared impossible – Bonnard's world. All the things had scattered, their colours stolen, flown, deposited on thousands of canvases and papers, since Monet. Humans had turned into bougainvilleas, water-lilies, snows and inlets, irradiated nymphs in the summer of closed blinds. Beauty accomplished itself ceaselessly, it didn't need to wait for anything. It saturated the life of the eyes, put to despair the desire to see. Timbres bursting in floods. Why paint, after these floods? What could one paint except the spleen that comes from those floods?

2 White Painting, 1950

Oil on canvas, 80 × 64 inches, The National Museum of Western Art, Tokyo

2

White Painting, 1950

Une fois les couleurs émancipées de leurs sites naturels, Pollock, après Matisse, les fait danser en sarabande hagarde. Après Delaunay, Rothko patiente auprès de leur établissement incertain, il surveille le doux abordage de leurs franges, il feuillette l'album de limbes mélancoliques. Le jeune amant fougueux, venu trop tard, étouffe. Il peint la suffocation. Au ras de l'écran, un ton unique défile en touches serrées comme une troupe basse de nuée avant l'averse. Ou un blanc sale tourne sur soi, vaguement, cherchant sa place. L'air manque. Un râle de lumière rauque. Pourquoi magnifier la vue ? Elle est comblée. *Maybe « seeing » is just an illusion* et les yeux sont aveugles. On doit soupçonner l'apologie passionnée des couleurs. *His every gesture meant to be meaningless by this painter of the gesture of painting.* De savoir que sa splendeur est vaine, on n'en adore pas moins sa couleur. Il n'y a pas d'ombre. Tradition occidentale des Vanités, elle sera parfois traitée à la manière limpide des lavis japonais.

2

White Painting, 1950

Once colours have been freed from their natural sites, Pollock, after Matisse, makes them dance in a haggard sarabande. After Delaunay, Rothko waits patiently over their uncertain establishment, keeps under surveillance the gentle boarding of their fringes, flicking through the album of melancholic limbo worlds. The young fiery lover, come too late, can't breathe. He paints suffocation. On a level with the screen, a single tone scrolls in weaned strokes like a low flock of clouds before the downpour. Or a dirty white turns around on itself, vaguely, looking for its rightful place. Air is short. A death-rattle of hoarse light. Why magnify sight? It is satisfied. *Maybe 'seeing' is just an illusion* and the eyes are blind. One must be suspicious of the passionate apologia for colours. *His every gesture meant to be meaningless by this painter of the gesture of painting.* Knowing that its splendour is vain, one adores colour no less for all that. There is no shadow. Western tradition of Vanities, sometimes treated in the limpid manner of Japanese washes.

3 Towards Black, 1950

Ink on paper, 40 × 29 inches, Private Collection

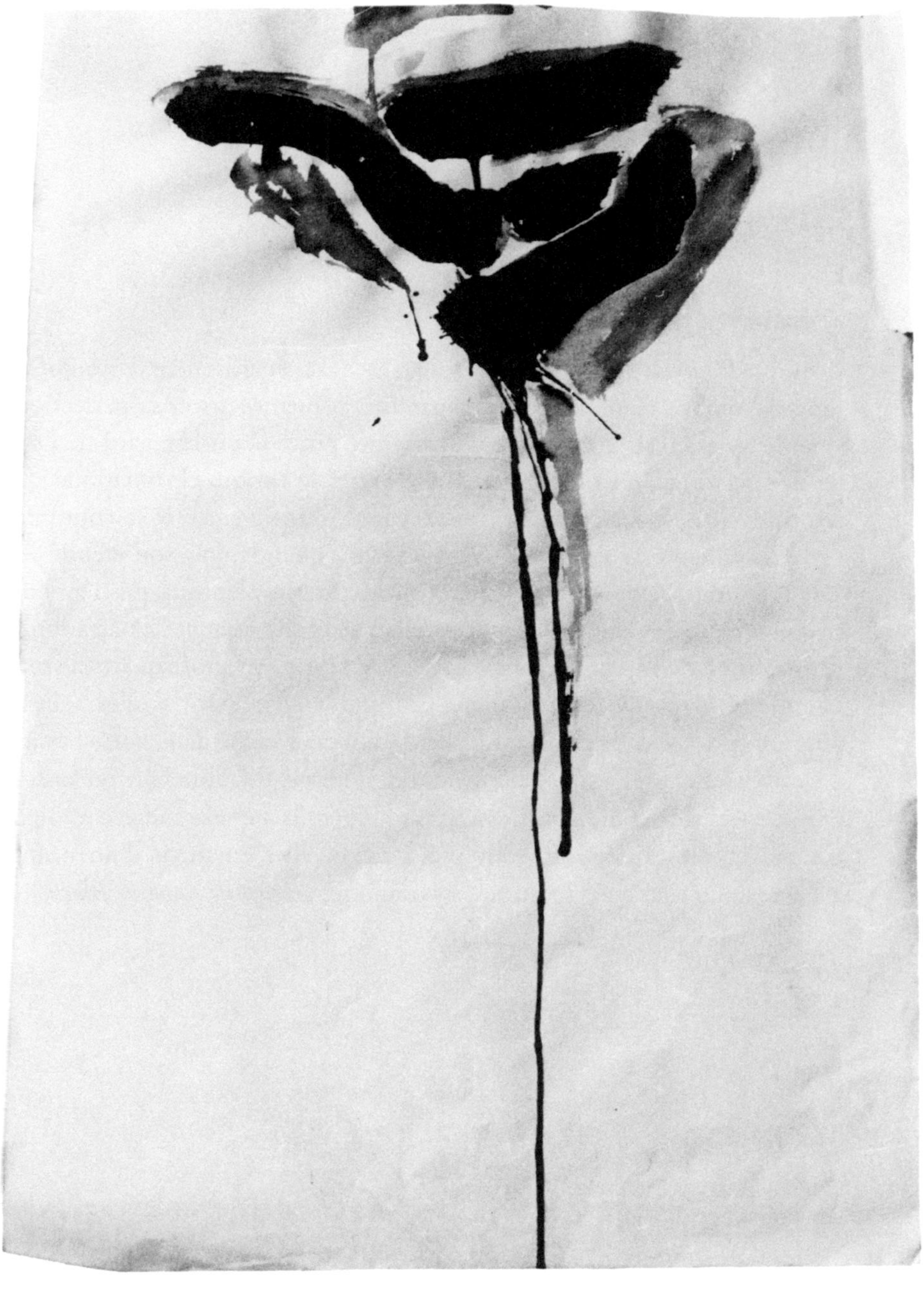

3

Towards Black, 1950-53

Il faudra donc faire ceci : peindre beau, très beau, éperdument, et toujours rappeler que ce n'est rien. Laisser paraître la nuance selon sa perfection singulière, exaucer la merveille d'une teinte posée là où le regard ne l'attendait pas mais où c'était sa place, délivrer le timbre chromatique du temps et de l'espace convenus où le regard, l'intelligence et la coutume l'emprisonnent, qu'il répande sa durée à lui, qu'il déploie son étendue à lui sur les toiles, les papiers, appeler d'autres timbres alentour qui viennent composer avec le premier, déconcerter la vue et son attente de narrations, de mélodies, de voyages organisés, faire sonner un arpège de quarts de ton comme la harpe de Debussy dans la *Danse profane* pour cordes. Ainsi, faire surgir tous les parfums d'un silence qui était caché dans notre bavardage avec les choses visibles et que nous ignorions. Il faudra faire ou laisser faire cela et du même coup, en même temps, laisser entendre combien ces polychromies délicates sont précaires, qu'elles émanent d'un néant aveugle et qu'elles vont retourner s'y évanouir, *vanishing towards Black.*

3

Towards Black, 1950-53

So what must be done is this: paint beautiful, very beautiful, madly, and always recall that it is nothing. Let the nuance appear in its singular perfection, grant the marvel of a shade placed there, where the look was not expecting it but where its place was, deliver the chromatic timbre from conventional space and time where the look, intelligence and custom imprison it, let it spread its own duration, deploy its own expanse on the canvases, papers, call on other timbres around it which come to compose with the first, disconcert sight and its expectation of narrations, melodies, organised trips, sound a quarter-tone arpeggio like Debussy's harp in the *Danse profane* for strings. In this way, bring out all the perfumes of a silence that was hidden in our chatter with visible things, and that we knew nothing about. This is what must be done or permitted to happen; and at the same stroke, allow us to hear just how precarious these delicate polychromies are, that they emanate from a blind void and are going to return to vanish in it, *vanishing Towards Black.*

4 Blue Center, 1953

Oil on canvas, 76 × 72 inches, Private Collection

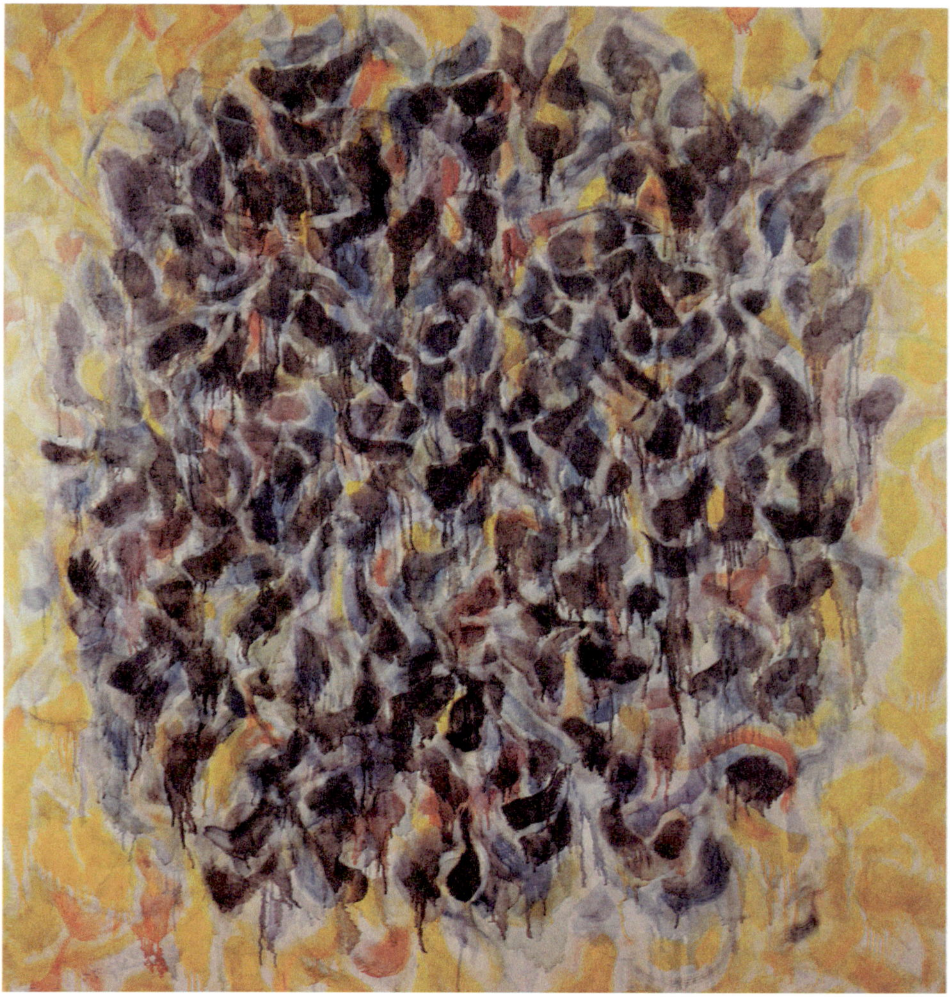

4

Blue Center, 1953

Il avait regardé la lumière sur l'océan, de sa chambre d'hôpital à San Francisco, entre mort et vie. Il ne regardait pas les effets de lumière mais la matière lumière, *the substance of which the light is made.* Or il trouve que la substance est noire. L'œil absolu soupçonne qu'il y a une nuit molle au cœur de la parade chromatique qui ravit le regard. *A piece of bread with its hard crust and soft inside.*

4

Blue Center, 1953

He had looked at the light on the ocean, from his hospital room in San Francisco, between death and life. He was not looking at the effects of light but at the matter of light, *the substance of which light is made.* And he finds that that substance is black. The absolute eye suspects that there is a soft night at the heart of the chromatic parade that thrills the gaze.
A piece of bread with its hard crust and soft inside.

5 Opposites, 1950

Oil on canvas, 96 × 72 inches, Idemitsu Museum of Arts, Tokyo

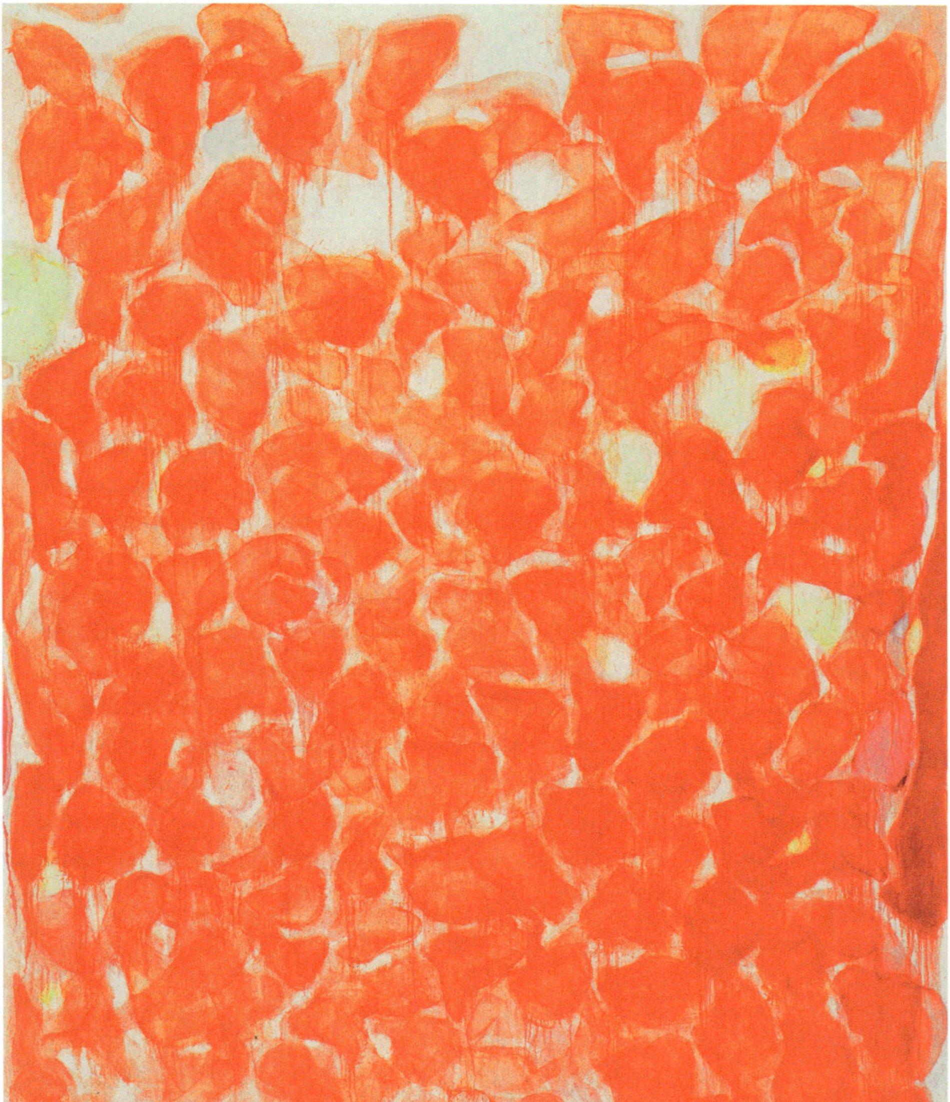

5

Opposites, 1950

Alternances de Californie. Tantôt le ciel nu extirpe à vif de tout objet ses couleurs intenses, tantôt la meute des bancs de brume basse accourue du large noie les beautés apparentes dans sa vérité grise. Ou bien trop à voir, tous les détails érigés, ou bien l'évidence qu'il n'y a rien, peut-être. Toute l'œuvre se tient sur le fil où se conjuguent ces penchants incompatibles, l'amour fou pour la splendeur saisissable du visible, et le démon qui souffle le brouillard indifférent. Comme on aime la couleur, on s'en méfie. Il l'accueille, il la choie, il la recueille, il la jalouse, il la met dehors. Il tête en nourrisson le nectar des teintes, il recrache ce jus trompeur. Il déteste le mal que son désir leur fait. Ses yeux émerveillés seront toujours au rendez-vous avec la cécité. Toute son œuvre aura lutté pour la mise en absence du visible mais en accréditant sa présence. La magnificence donne une leçon de ténèbres.

5

Opposites, 1950

Alternations of California. Sometimes the naked sky roots out raw from every object its intense colours, sometimes the pack of low fog-banks come in from the open sea drowns the apparent beauties in its grey truth. Either too much to see, all details erect, or else the obviousness that there is nothing, perhaps. The whole oeuvre stands on the edge where these incompatible leanings conjugate, the mad passion for the graspable splendour of the visible, and the demon blowing the indifferent fog. Because one loves colour, one is wary of it. He welcomes it, pampers it, shelters it, is jealous in possession of it, kicks it out. Like a nursling he sucks the nectar of shades, then spits out this deceptive juice. He hates the hurt his desire does to them. His marvelling eyes will always be there to meet blindness. His whole oeuvre will have struggled to make the visible absent while substantiating its presence. Magnificence gives a lesson of darkness.

6 Meaningless Gesture, 1958

Oil on canvas, 158 × 227 inches, Oeffentliche Kunstsammlung, Basel

6

Meaningless Gesture, 1958

Le geste de peindre défère à l'autorité, à la confiance absolue, presque étourdie, que les couleurs ont en elles-mêmes. Pareillement, la fidélité des mots à la puissance immémoriale qui est en eux et à ses initiatives incessantes est ce qui fait rêver d'écrire. Cela n'empêche pas, cela explique que dans le geste de peindre il y a une impossibilité et l'interdiction de croire aux couleurs comme il y a un dégoût de s'en remettre aux mots dans le geste d'écrire. En ces débats incertains, le geste peut paraître changer, il essaie des tours. Il s'agit toujours de ne pas succomber à la tentation du visible et d'honorer en lui l'obscur pouvoir qui le rend possible, mais plusieurs voies sont ouvertes, plusieurs sortes d'offrandes peuvent être risquées. Autour de 1955, la leçon de ténèbres, au lieu de s'enseigner par la surcharge des supports en masses denses et monochromes, se fait entendre dans le silence blanc de grandes plages vides. Elles s'étalent entre les teintes à la manière d'une marée qui infiltre les limons d'une baie plate très vite mais insensiblement. Vers 1968, les surfaces seront inondées de cette insignifiance. Et le texte qu'il écrit alors sur Bonnard, depuis Tokyo reprend mot pour mot le titre de la grande toile de 1958 : le geste de peindre in-signifie la trop significative couleur.

6

Meaningless Gesture, 1958

The gesture of painting defers to the authority, the absolute, almost giddy confidence that colours have in themselves. Similarly, the fidelity of words to the immemorial potential that is in them, and to its incessant initiatives, is what makes one dream of writing. This does not prevent, but explains the fact that in the gesture of painting there is an impossibility and ban on believing in colours as there is a disgust in relying on words in the gesture of writing. In these uncertain debates, the gesture can appear to change: it tries out various turns. The point is always not to succumb to the temptation of the visible and to honour in it the obscure power of what makes it possible, but several ways are open, several types of offerings can be chanced. Around 1955, the lesson of darkness, instead of teaching itself through the overloading of supports with dense, monochrome masses, is heard in the white silence of great empty patches. They spread out between the colours like a tide infiltrating the marshes of a flat bay very quickly but imperceptibly. Towards 1968, the surfaces will be flooded with this insignificance. And the text he writes on Bonnard at that point, from Tokyo, quotes word for word the title of the large canvas of 1958: the gesture of painting in-signifies the too meaningful colour.

7 Grey Cloud Study, 1950

Ink on paper, 26 × 19 inches, Private Collection

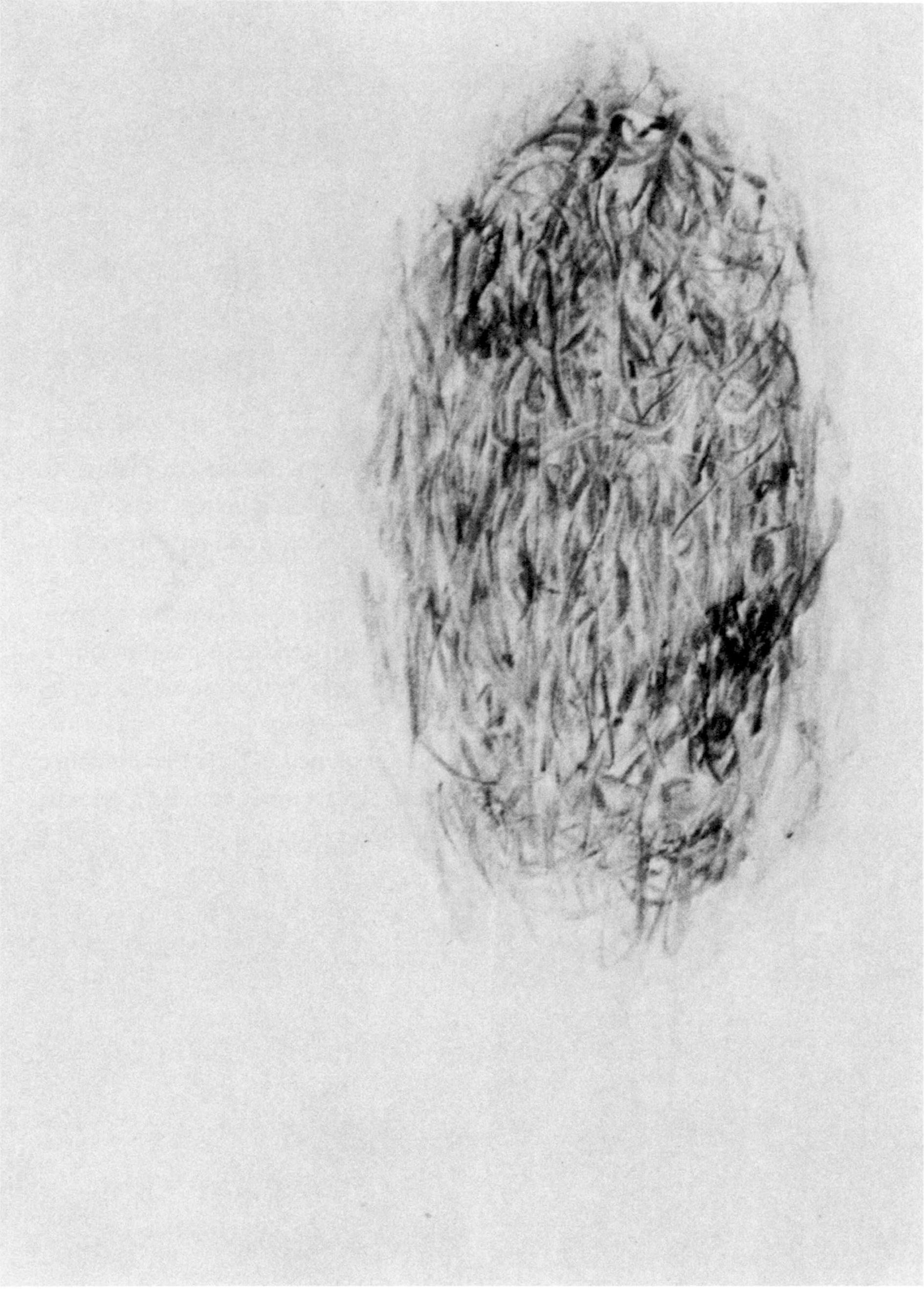

7

Grey Cloud Study, 1950

Jérémie lamente la nullité de vivre. Pourquoi est-ce si long ? Il faut du temps à la lamentation pour vivre et faire vivre sa propre nullité. La plainte du Vendredi Saint se propage de verset en verset, la leçon de ténèbres s'épelle lettre après lettre. Une à une, les couleurs rappelleront au regard, par leur abondance même, le rien qu'elles lui font oublier. Gris de Paul Klee, noir et blanc de Malevitch. Arakawa dénomme *blank* l'absence de toute vision. Duchamp juge futile de la baptiser, les couleurs n'existent pas plus que le corps et les yeux, elles ne sont que leurs noms, le déluge est déjà là, on ne peut plus peindre ni se plaindre. Mais ce n'est pas vrai, dit ici l'amant des splendeurs chromatiques. Le deuil doit être perpétué. Il faut les couleurs, et répétées, multiples, pour se plaindre de leur vanité, comme à Jérémie beaucoup de mots pour dire qu'ils n'ont rien à dire.

7

Grey Cloud Study, 1950

Jeremiah laments the nullity of living. Why is it so long? The lamentation needs time to live and to allow its own nullity to live. The Good Friday complaint propagates from verse to verse; the lesson of darkness is spelled out letter by letter. One by one, the colours will remind the look, by their very abundance, of the nothing they make it forget. Paul Klee's grey; Malevitch's black and white. Arakawa calls the absence of all vision *blank*. Duchamp thinks it futile to name it; colours exist no more than do the body and the eyes, they are only their names, the deluge is already here, one can no longer paint, nor issue a complaint. But that's not true, says the lover of chromatic splendours here. Mourning must be perpetuated. We must have colours, and repeated colours, multiple ones, so as to complain of their vanity, just as Jeremiah needs a lot of words to say that they have nothing to say.

8 Black and Red, 1949-50

Oil on canvas, 29 × 25 inches, Idemitsu Museum of Arts, Tokyo

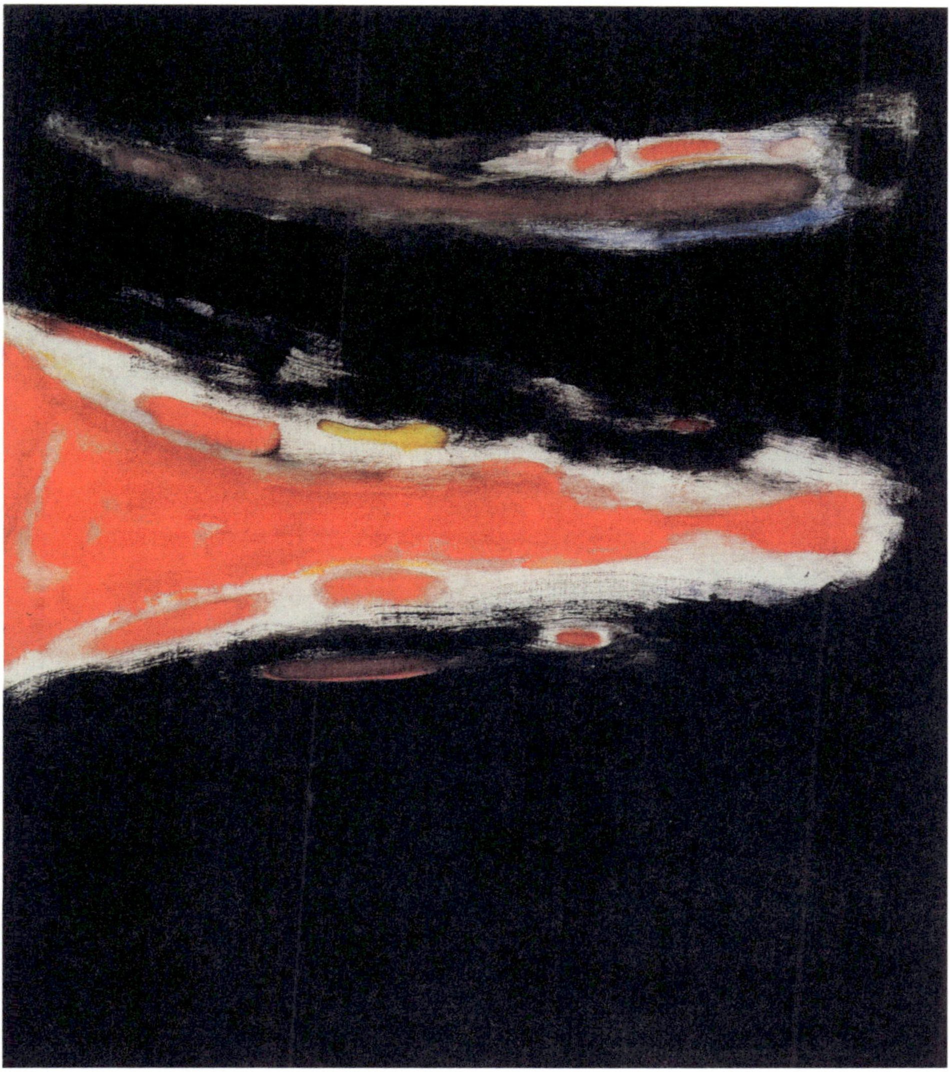

8

Black and Red, 1949-50

Peindre est un matin promis par le soir. Un indien Laguna couché sur la plage, son regard étroit est perdu là-bas où le soleil sang tombe d'un coup dans l'encre de l'eau pacifique. Bénie soit l'insouciance maudite de l'astre, prie le peintre. Car l'astre renaît demain, et la peinture aussi.

8

Black and Red, 1949-50

Painting is a morning promised by the evening. A Laguna Indian lying on the beach; his narrow gaze is lost over there where the blood sun falls suddenly into the ink of the pacific water. Blessed be the accursed insouciance of the star, prays the painter. For the star is born again tomorrow, and painting too.

9 Deep Orange and Black, 1954-55

Oil on canvas, 147 × 132 inches, Kunstmuseum, Basel

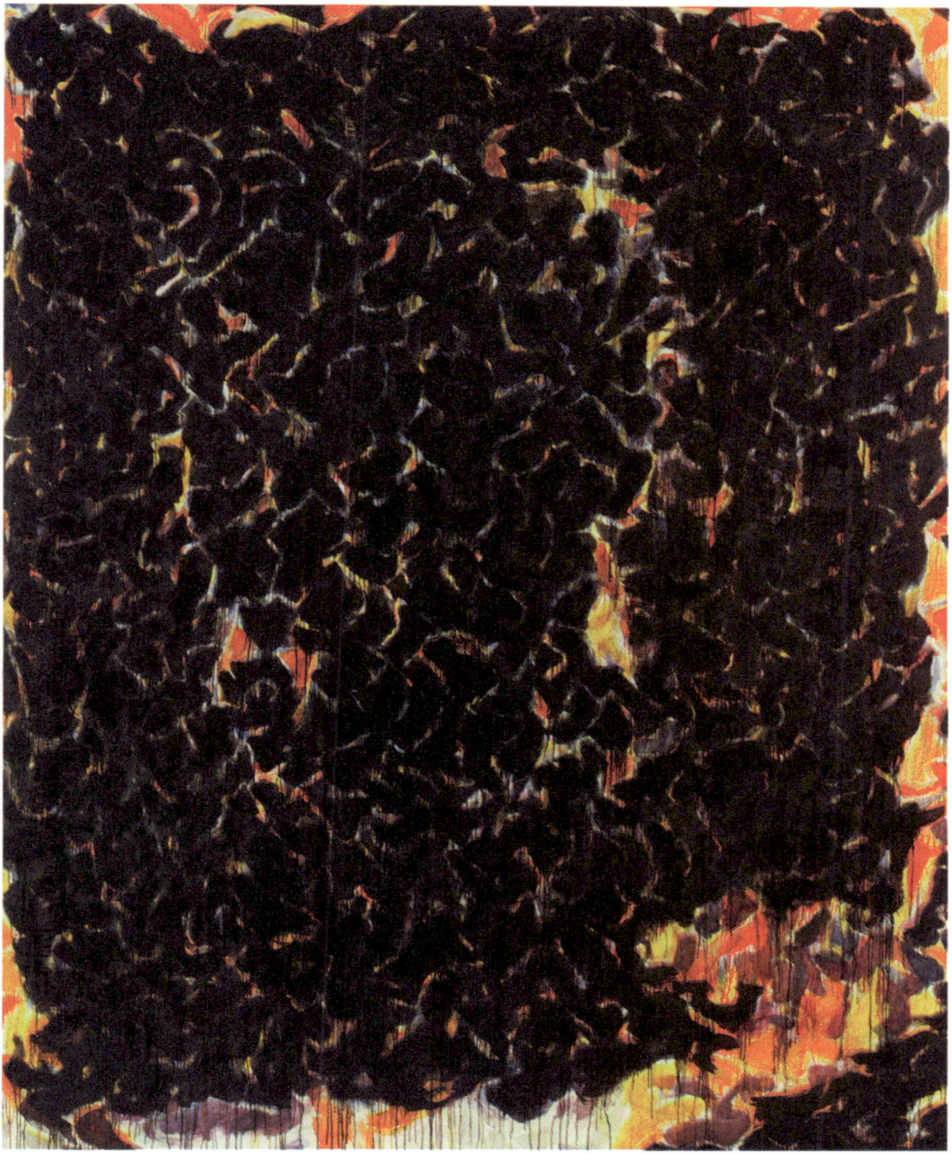

9

Deep Orange and Black, 1954-55

L'orange perce sous le noir, dirait-on, comme un avenir. En chaque œuvre se lève une aube, et le monde avec elle s'éveille et s'émerveille, dirait-on. Mais on dirait aussi : chaque œuvre se relève, elle est la conviction du soir qui offense les matins, son éclat illustre les blessures de la nuit, quand toute couleur venait à mourir. Sans la mémoire de ce chagrin, sans la menace de son retour, où serait la merveille de peindre, où la nécessité de l'offrande ? Les singes sur le Nil pleurent le coucher du soleil, ils exaltent le lever par des exclamations. C'est pourquoi le singe est la bête éponyme des peintres.

9

Deep Orange and Black, 1954-55

It looks as though orange pierces through under black, like a future. In each work a dawn breaks, and with it the world wakes and wonders, or so it seems. But one might also say: each work recovers, it is the conviction of evening that offends mornings, its shine illustrates the wounds of night, when every colour went to its death. Without the memory of this sadness, and the threat of its return, where would the marvel of painting be, where the necessity of the offering? The monkeys on the Nile mourn the setting of the sun, and exalt its rising by exclamations. This is why the monkey is the eponymous animal of painters.

10 Untitled, 1953

Gouache, 30 × 23 inches, Private Collection

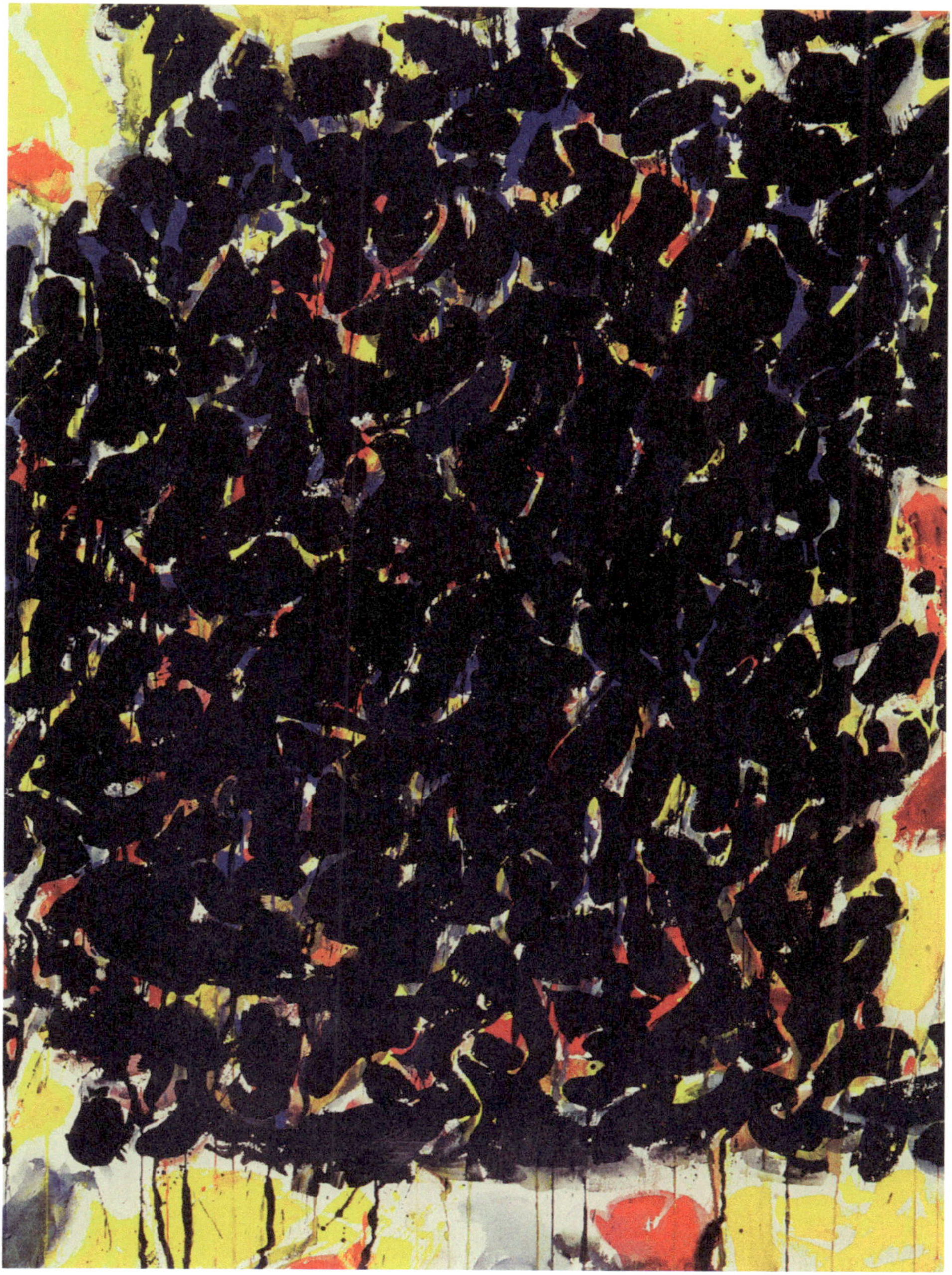

10

Untitled, 1953

Ce qui vit n'oublie jamais comme la vie est précaire. Le soleil est infidèle, les couleurs inconstantes. Tandis qu'elles touchent et séduisent le regard, elles le rappellent à la frayeur de ne plus rien voir. Sur les parois des cavernes déjà, la bête qui voit confesse et cherche à guérir le lamento du regard : le visible est un mirage, le monde en soi est sans couleur, la vie ne doit ses tons qu'à nos yeux, fixons et mettons à l'abri le feu d'artifice avant qu'il s'éteigne. (Et dans toute musique, la peur bestiale de ne plus entendre sourd du silence des souterrains et se fait sous-entendre.) Ici se peignent ensemble le charme des jardins pulpeux et cette menace. Tendrement, durement, les bleus sombres, les noirs font refluer le jaune, le rouge de la vie, le bleu pastel jusqu'aux confins de l'écran. Les couleurs s'accrochent aux bords d'un navire noir (plus tard, il sera blanc) comme des mains de naufragé. *We see our poor bodies with our eyes dreaming of Utopia.*

10

Untitled, 1953

What lives never forgets how precarious life is. The sun is unfaithful, colours are not constant. While they touch and seduce the gaze, they remind it of the fear of no longer seeing anything. Already on the cave walls, the seeing beast confesses and tries to cure the lamento of the gaze: the visible is a mirage, the world in itself is without colour, life owes its tints only to our eyes, let us fix and shelter the fireworks before they go out. (And in all music, the bestial fear of no longer hearing oozes up from subterranean silence and is under-heard.) Here are painted together the charm of fruity gardens, and this threat. Tenderly, harshly, dark blues and blacks make the yellow and red of life, the pastel blue flow back to the edges of the screen. The colours hook onto the edges of a black ship (later it will be white) like the hands of one shipwrecked. *We see our poor bodies with our eyes dreaming of Utopia.*

11 Deep Black, 1954

Oil on canvas, 114 × 79 inches, Idemitsu Museum of Arts, Tokyo

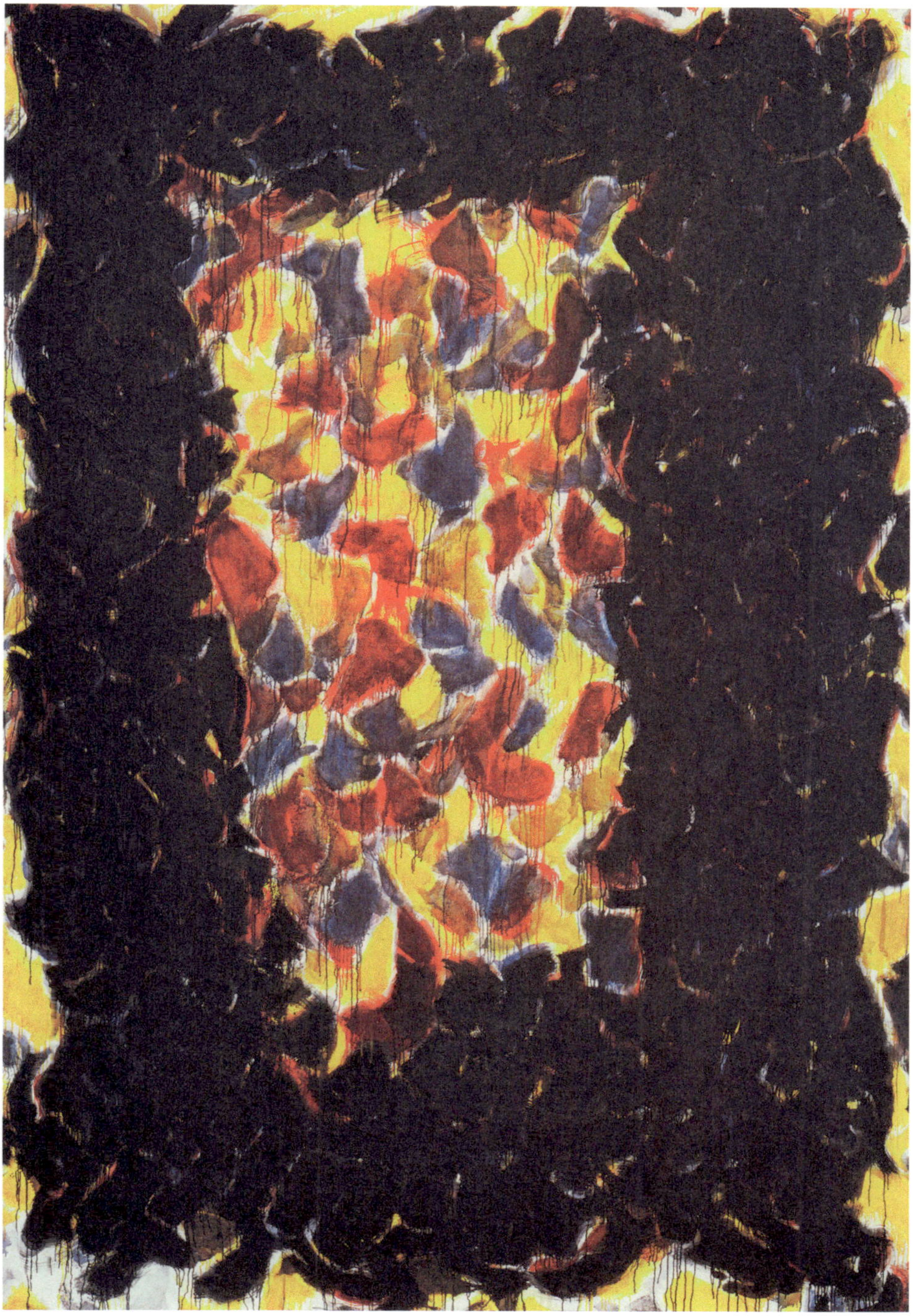

11

Deep Black, 1954

Jour qui pointe ? La bourre noire évacue le cœur du tableau, elle se range en carré autour d'une éclaircie encore timide où se bousculent le rouge étrusque, le bleu ciel, le jaune paille. Toutes les touches pleurent leurs larmes vers le bas en hommage à la pesanteur qui s'obstine. Seul le jaune luit sans bavure, d'une lumière incertaine, insoumise à l'attraction. *Everyone is a lover reminded that we still have the sun to recognize.*

11

Deep Black, 1954

Dawn breaking? The black stuffing empties out the heart of the picture, arranges itself in a square around a still, timid clearing in which Etruscan red, sky blue, straw yellow jostle. All the strokes weep their tears downwards in homage to obstinate weight. Only yellow gleams without dripping, with an uncertain light, unsubdued by attraction. *Everyone is a lover reminded that we still have the sun to recognise.*

12 Looking Through, 1970

Acrylic on canvas, 96 × 120 inches, Private Collection

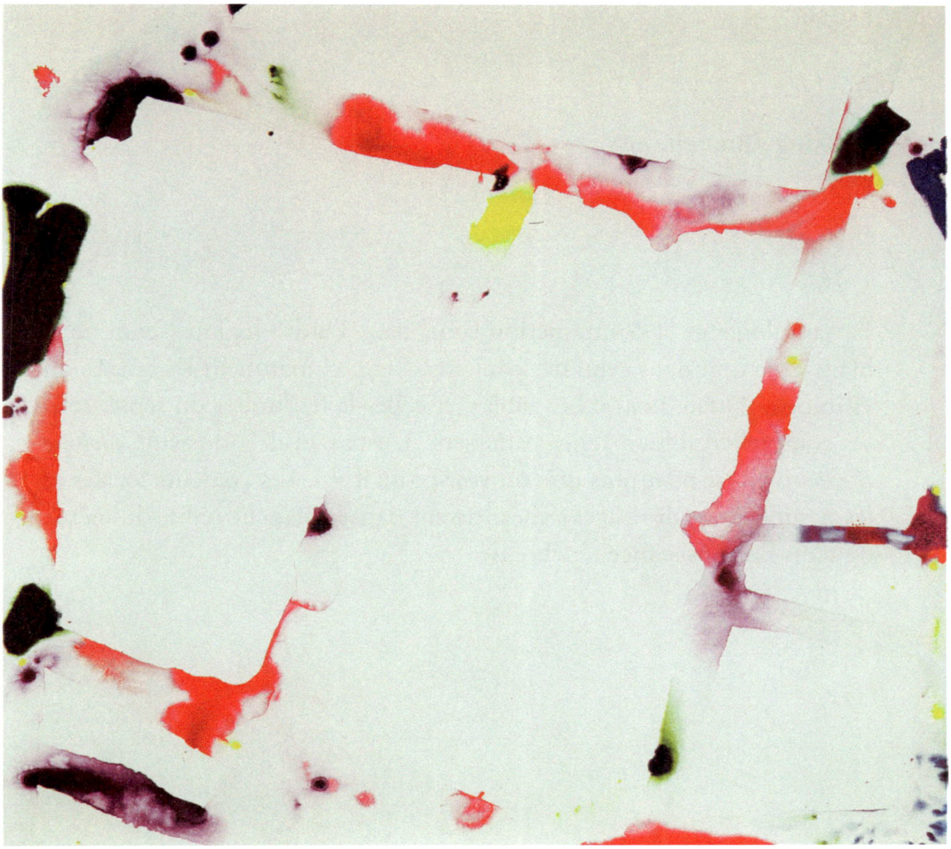

12

Looking Through, 1970

La tautologie et la contradiction sont, dans l'ordre logique, comme le blanc et le noir dans celui des couleurs. Ceux-ci marquent les bornes du visible quoiqu'ils aient l'air visibles, et celles-là les limites du sensé, toutes compréhensibles qu'elles paraissent. Un pas au-delà du seuil, *looking through,* on ne peut plus dire ou voir ce qu'il y a. Les couleurs locales et les significations distinctes s'anéantissent dans la blanche redite du même ou dans l'inconsistance ténébreuse.

12

Looking Through, 1970

Tautology and contradiction are, in the domain of logic, like white and black in that of colours. The latter mark the limits of the visible although they seem to be visible, and the former the limits of what makes sense, however comprehensible they appear. One step over the threshold, *looking through,* one can no longer say or see what there is. Local colours and distinct meanings are abolished in the white repetition of the same or in dark inconsistency.

13 Not All I See Is There, 1969

Acrylic on canvas, 96 × 120 inches, Private Collection

13

Not All I See Is There, 1969

Là, il n'y aurait pas de ceci et de cela. Quand il s'aventure à passer outre, aspiré par le vide, par l'utopie et l'uchronie, soudain sans là-bas, sans demain ni hier, le regard se trouve dépouillé de son pouvoir séparateur. Mais aussi affranchi de la vanité de saisir. Il découvre que « Il y a » n'est pas tout ce qu'il voit, *not all I see is there.* Il s'exerce à voir là où il ne voit plus, quand le visible n'y est pas. Il cesse de regarder. Quelque chose alors se voit. À travers les couleurs, l'œil aveuglé s'avance dans le blanc de sa délivrance, et ce blanc est aussi la nuit de son infirmité.

13

Not All I See Is There, 1969

There, there was no this and that. When it is bold enough to try to get beyond, sucked in by the void, by utopia and uchronia, suddenly without beyond, without tomorrow or yesterday, the gaze finds itself stripped of its separative power. But it is also freed from the vanity of grasping. It discovers that 'There is' is not all that it sees, *not all I see is there.* It practices seeing where it can't see, when the visible is not there. It stops looking. Something then is seen. Through colours, the eye advances into the white of its deliverance, and this white is also the night of its infirmity.

14 Untitled, 1968

Acrylic on canvas, 120 × 96 inches, Private Collection

14

Untitled, 1968

Un geste est récurrent, qu'il déchaîne le noir ou le blanc. Ce n'est pas une forme, c'est le geste d'écarter. Faire refluer les couleurs sur les bords de la surface. Sous la dépression des nuages monochromes ou noirs, début des années 50. Dispersées au souffle des blancs, après 1955. Balayées jusqu'au débord du cadre, les *Untitled* de 1968. Toujours le geste livre un désert. Dans le silence ainsi fait, les couleurs peuvent être entendues, futiles et saintes.

14

Untitled, 1968

One gesture is recurrent, whether it unleash black or white. It is not a form, but the gesture of putting to one side. Make the colours flow back to the edges of the surface. Under the depression of monochrome or black clouds, beginning of the fifties. Dispersed by the breath of whites after 1955. Swept to the frame's overspill in the *Untitleds* of 1968. Always the gesture delivers a desert. In the silence thus made, colours can be heard, futile and holy.

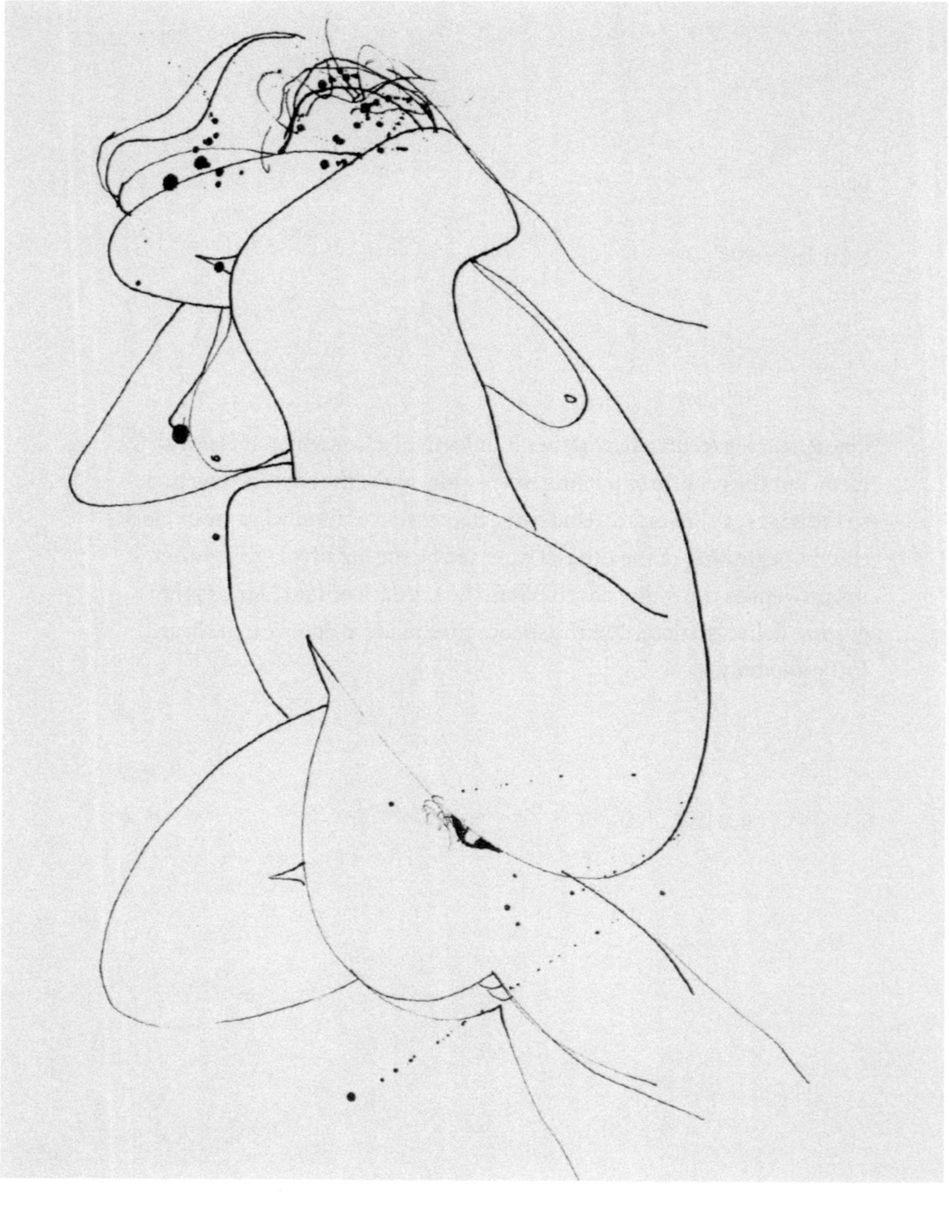

15 Untitled, 1958-60

Ink on paper, Each 17 × 14 inches, Collection the artist

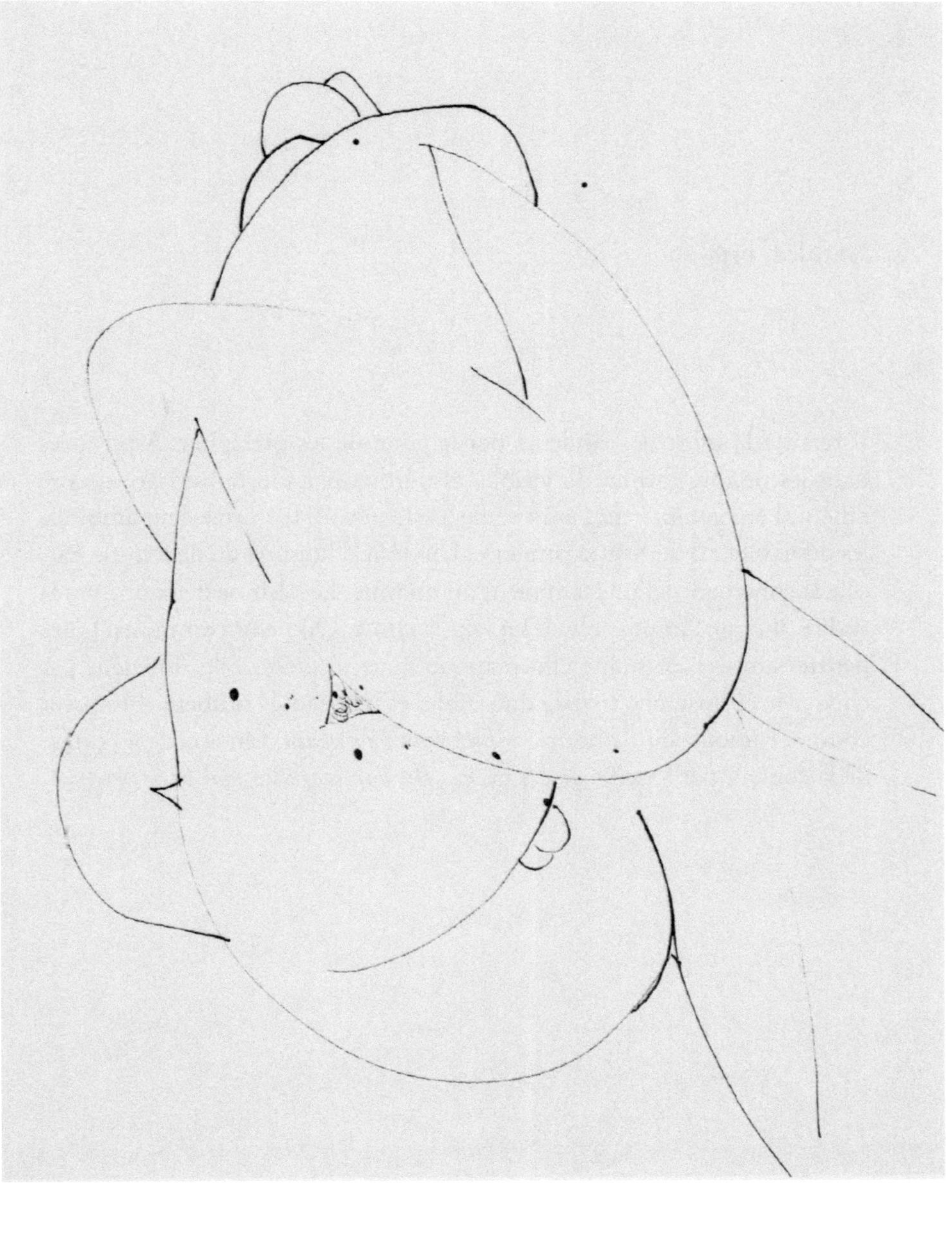

15

Untitled, 1958-60

Il retarde la mort des couleurs par le geste de les précipiter. Asphyxiées dans les bonnes formes du visible, assourdies par son bavardage, elles se fanent. Leur amant veut s'émerveiller de les revoir. Il écartèle leur ambitus, les déshabille. Il dévaste la pruderie. Un désir d'homme ou de femme harcèle la contenance d'une femme, d'un homme. Le désir ne demande pas la réalité, il exige l'impossible. Il lui faut la chose. On peint comme on boit : petites lampées de pulpe chromatique mais répétées. Elles finissent par enivrer la consistance triviale du visible, et les beautés titubent. On peint comme l'amour fait l'amour : *to fuck is to love again.* On accède à l'extase de la couleur par l'ascèse de ces excès. *The bomb of bliss was born here.*

15

Untitled, 1958-60

He delays the death of colours by the gesture of precipitating them. Stifled in the good forms of the visible, muted by its chatter, they fade. Their lover wants to marvel at seeing them again. He separates their *ambitus,* undresses them. He lays waste all prudishness. A man's or woman's desire harasses the composure of a woman or a man. Desire does not ask for reality; it demands the impossible. It needs the thing. One paints as one drinks: little gulps of chromatic pulp, but repeated. They end up getting the trivial consistency of the visible drunk, and beauties stagger. One paints like love makes love: *to fuck is to love again.* One attains ecstasy of colour by the ascesis of these excesses. *The bomb of bliss was born here.*

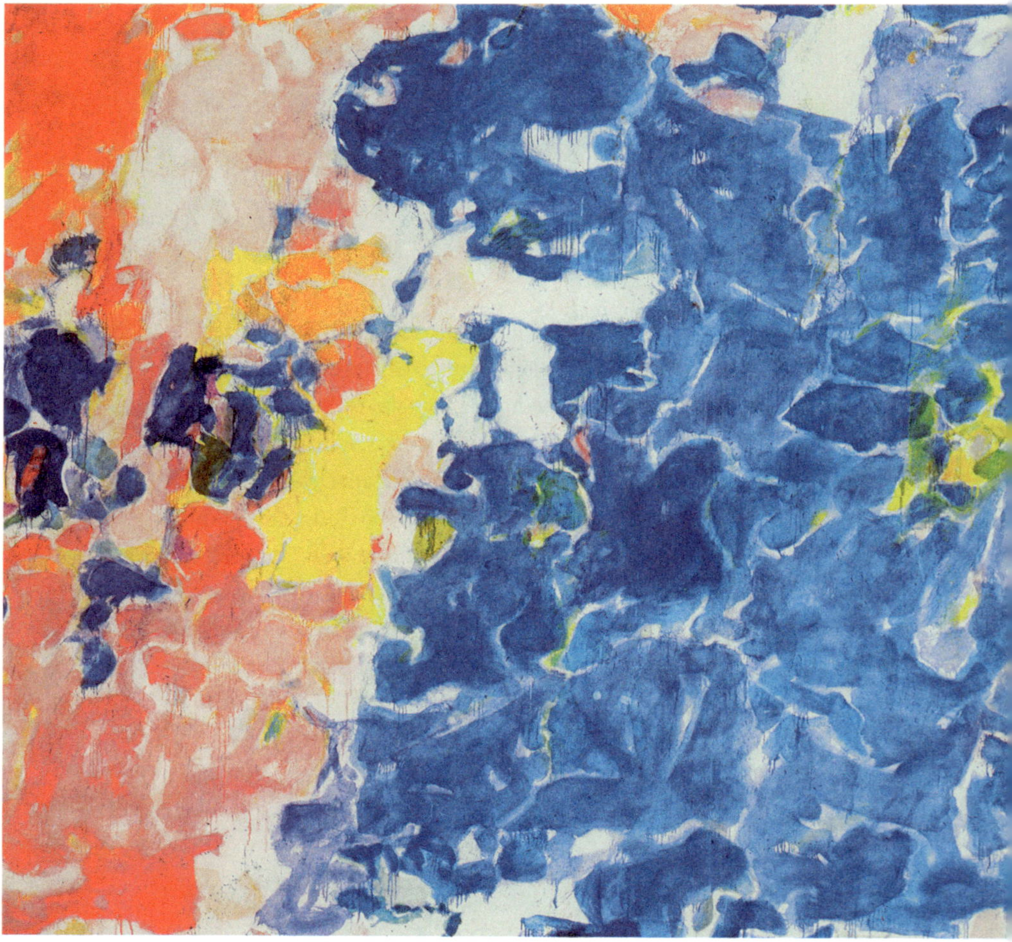

16 In Lovely Blueness I, 1955-57

Oil on canvas, 118 × 276 inches, Musée National d'Art Moderne, Centre Georges Pompidou, Paris

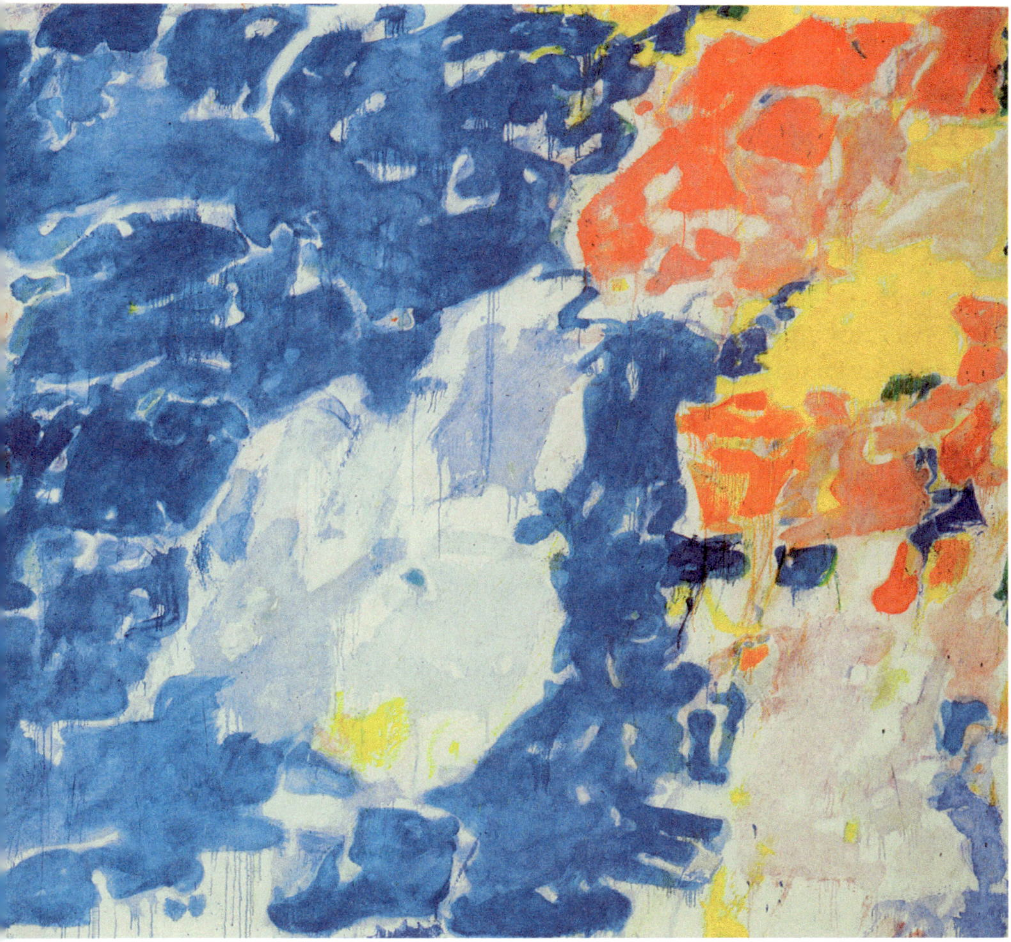

16

In Lovely Blueness I, 1955-57

Sans rupture apparente, en travaillant toujours par bouffées de vapeur, un peu disjointes, on dirait pourtant que la violence du geste s'apaise (vers 1955). Les voix chromatiques se concertent. Elles chantent en contrepoint la polyphonie du visible. L'obligation du silence semble levée, la récusation du regard abolie. Le geste orchestre des fugues, amoureuses comme des nymphéas, sur les longues portées des *Murals* de Bâle, Tokyo, New York, Paris. Ici se répand en bleu adorable le matin où s'avance à toute allure le cockpit de l'avion de nuit qui ramène l'âme en Europe, une huile aigue-marine qu'on dirait une aquarelle, et flanquée de rouges et de jaunes pâles, de mauves, nuées légères vues de très haut, caressées par le soleil levant et l'alizé. Apesanteur, vitesse et paix, la grande toile vibre comme l'aile d'une machine aspirée par la joie du retour.

16

In Lovely Blueness I, 1955-57

Without any apparent break, always working by blasts of steam, a little disjointed, it seems nonetheless that the violence of the gesture calms down (around 1955). The chromatic voices concert. They sing in counterpoint the polychromy of the visible. The obligation of silence seems to have been lifted, the refusal of the look abolished. The gesture orchestrates fugues, amorous as water-lilies, on the long stretches of the *Murals* of Basel, Tokyo, New York, Paris. Here is spread in lovely blue the morning through which the cockpit of the night aeroplane taking the soul back to Europe is advancing, an aquamarine oil that looks like a water-colour, flanked with pale reds and yellows, mauves, light clouds seen from very high, caressed by the rising sun and the trade wind. Weightlessness, speed and peace, the large canvas vibrates like the wing of a machine sucked in by the joy of return.

17 Untitled, 1970

Acrylic on canvas, 31 × 43 inches, Idemitsu Museum of Arts, Tokyo

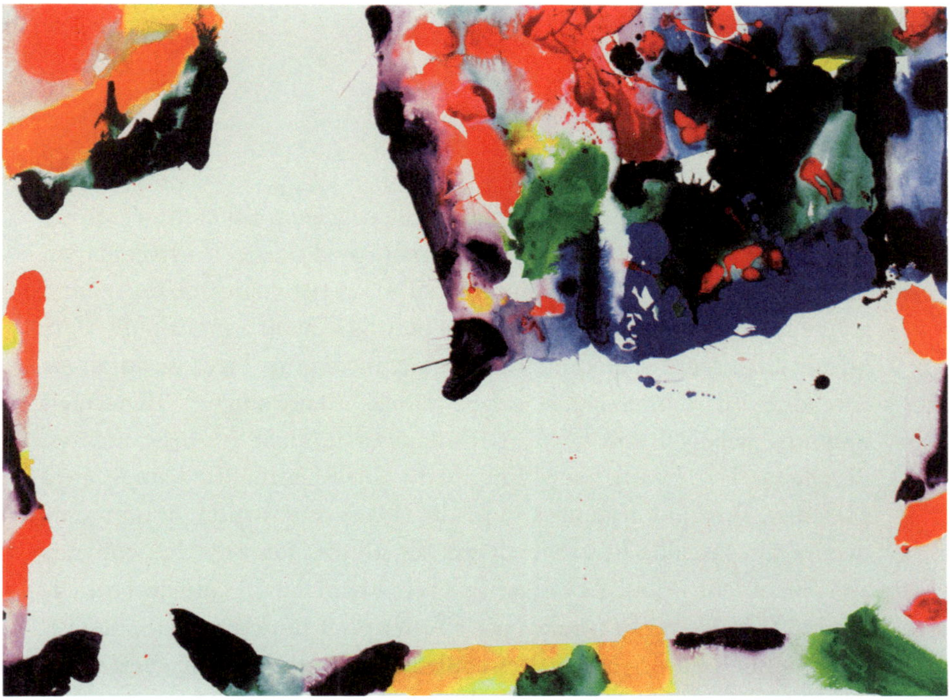

17

Untitled, 1970

J'hésite, il le faut, l'œuvre hésite. Car elle suggère aussi cette région où l'on n'arriverait pas à atterrir, où le malheur d'exister n'arriverait pas. Là seulement, on pourrait peindre (écrire) en paix parce qu'on serait à même le rien. La plainte de vieillir, de pourrir, d'avoir à mourir, de n'être qu'une chair seule et précaire, serait vaine, incongrue. La cause aurait été entendue. Tu n'aurais jamais saigné, jamais à faire saigner. Tu volerais toujours. Jamais à être sauvé. Les sacrifices auraient été déjà célébrés. Le soleil irait se coucher sur l'Empire du Soleil Levant. Tu n'aurais été à personne. Personne n'aurait à te perdre. Dans cette région, la beauté ne tromperait pas. Elle ne cacherait pas ses sources sombres. Les couleurs aimeraient leur néant. La beauté se lèverait blanche du côté noir où elle tombe, l'Occident. Tu n'aurais pas à lutter pour imposer silence au visible. Il serait vain de rappeler les couleurs à leur vanité. Tout déjà serait grand ouvert comme la mer du ciel et l'ouverture se peindrait toute seule dans ses eaux.

17

Untitled, 1970

I hesitate, as I must, because the work hesitates. For it suggests too that region in which one would not manage to land, in which the unhappiness of existing would not happen. Only there, one could paint (write) in peace because one would be right on the nothing. The complaint of growing old, of rotting, of having to die, of being only a flesh, solitary and precarious, would be vain and incongruous. The case would have been decided. You would never have bled, never have made bleed. You would always fly. Never have to be saved. The sacrifices would have been already celebrated. The sun would go down on the Empire of the Rising Sun. You would have belonged to no-one. No-one would have to lose you. In this region, beauty would not lead one astray. It would not hide its dark sources. Colours would love their nothingness. Beauty would rise white from the black side where it falls, the West. You would not have to struggle to impose silence on the visible. It would be vain to recall colours to their vanity. Everything already would be wide open like the sea of the sky and the opening would paint itself all by itself in its waters.

18 Bright and Fast, 1981

Acrylic on canvas, 168 × 54 inches, Private Collection

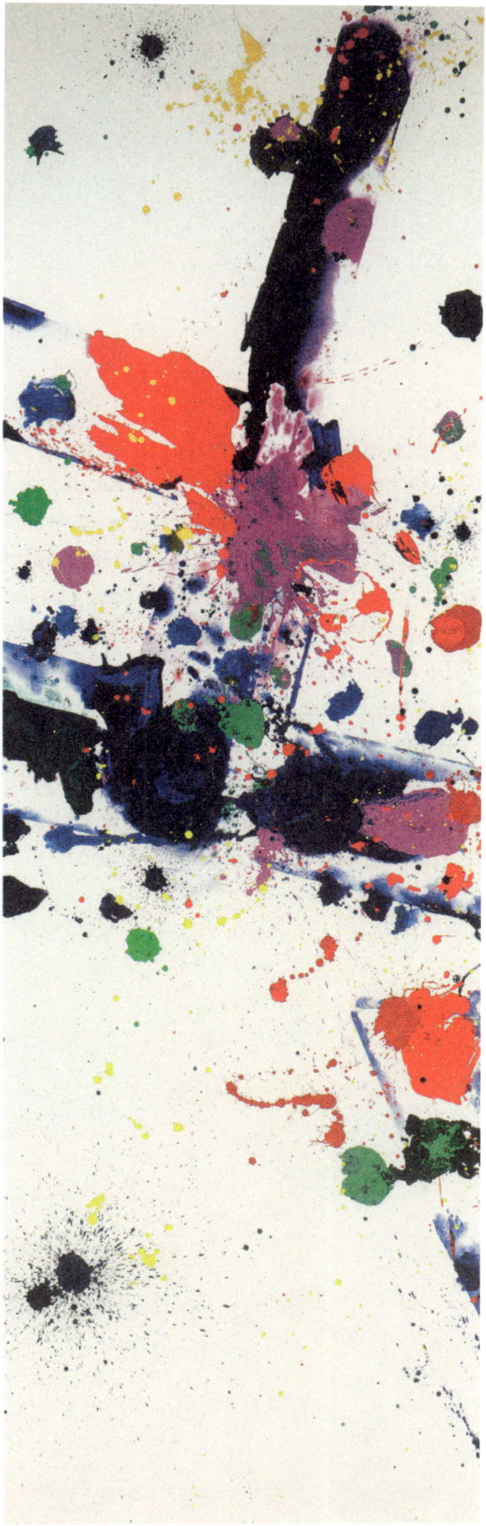

18

Bright and Fast, 1981

Dans ces limbes, on court vers les rivages et le long d'eux parce qu'on n'est pas pressé, et le peintre multiplie les offrandes pour faire venir les couleurs alors qu'elles sont déjà là. Elles ne demandent rien, elles se savent innocentes et se prêtent. Il leur offre ses toiles, ses papiers, il leur tend sa pierre à graver, son cuivre, elles viennent s'y fixer à l'instant. Le rose opéra se pose sur le bougainvillée dès qu'il fait jour. Qui parle d'un travail ? Il ferme les yeux, *I am working in the dark, you know,* il ne fait rien qu'être le papier, la pierre, la toile, la peau beige des pétales à l'aube. Les couleurs se déposent parce qu'elles se savent aimées, attendues, jamais voulues. *The process of painting is one of devotion.* Quelle leçon les ténèbres pourraient-elles donner encore ? La pénombre t'enveloppe de son sommeil neutre. Sans travail, sans frayeur, elle apprête tes bouquets.

18

Bright and Fast, 1981

In these limbos, one runs towards the banks and along them because one is not in a hurry, and the painter multiplies offerings to make the colours come when they are already there. They ask for nothing, they know they are innocent and lend themselves to it. He offers them his canvases, his papers, he holds out to them his lithograph stone, his copper plate, they immediately run to fix themselves on it. The opera pink alights on the bougainvillea as soon as day breaks. Who said work? He closes his eyes, *I am working in the dark, you know,* he does nothing other than be the paper, the stone, the canvas, the beige skin of petals at dawn. The colours lie down because they know that they are loved, expected, never wanted. *The process of painting is one of devotion.* What lesson could the darkness still give? The gloom envelopes you in its neutral sleep. Without work, without fear, it prepares your bouquets.

19 Coral Branch, 1971

Acrylic on canvas, 82 × 197 inches, Idemitsu Museum of Arts, Tokyo

19

Coral Branch, 1971

On dira que le vent souffle, mais ce n'est pas cela, dit-il. *The wind doesn't blow, it is sucked*, il est aspiré par le vide. Il est sucé. L'appel d'air blanc a soufflé le tableau. Il le laisse derrière lui, éventré. Le cadre va tomber. Il reste des dépouilles de bleu, de rouge, un peu de jaune, d'infimes humidités bleu gris, en mémoire du visible. La rafale de blanc aspire tout vers les hautes pressions, la paralysie noire écrase tout au sol. Mais c'est le même geste. Aplaties sous le cyclone ou avalées par la stratosphère, les couleurs n'avouent leur vérité que malmenées. La paix des limbes ?

19

Coral Branch, 1971

You'll say that the wind blows, but he says that that isn't right. *The wind doesn't blow, it is sucked,* it is aspirated by the void. Sucked. The draught of white air has blown the picture away. It leaves it behind, its guts ripped out. The frame is going to fall. There remain spoils of blue, red, a little yellow, tiny grey-blue humidities, in memory of the visible. The gust of white sucks everything towards the high pressures, black paralysis crushes everything on the ground. But it is the same gesture. Flattened by the cyclone or swallowed by the stratosphere, colours only confess their truth when manhandled. The peace of limbo?

20 Mother Blue, 1974

Gouache, 30 × 22 inches, Private Collection

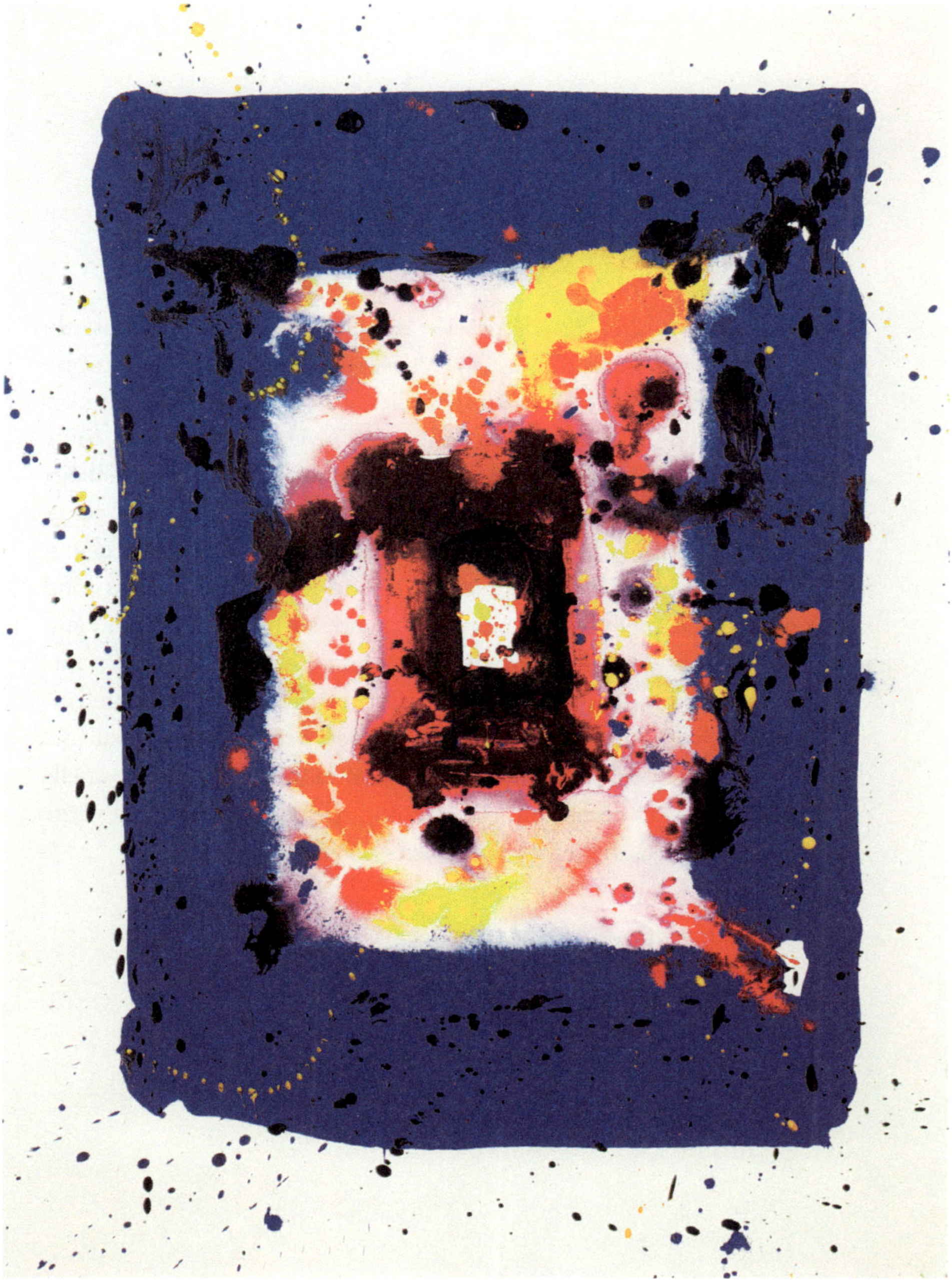

20

Mother Blue, 1974

J'hésite, l'œuvre hésite, est-elle graciée, est-elle maudite ? Couleurs du ciel ou de l'enfer ? Disent-elles leur vérité, qu'elles ne sont rien auprès de l'insatiable désir de voir ? Séduisent-elles, au contraire, viennent-elles apaiser le regard pour lui cacher qu'il n'y a rien ? Méchante querelle, toute de spéculation. D'un même geste, l'œuvre fait hommage au merveilleux visible et témoignage de l'énigme visuelle. L'un trahit l'autre, la luxuriance masque la misère, et elle l'invoque. D'un même geste, les glaires rose framboise battues à l'œuf et servies sur un plat outremer sans fond s'imposent à mon appétit de corps comme la nourriture dont il manquait, avec l'évidence de ce qui délivre du mal, – et elles humilient mon âme voyante qui ne peut pas oublier que rien jamais n'apaise son désir de voir autrement, de voir l'autre du visible. D'un même timbre, la couleur me dit : viens, je suis ta consolation, je guéris ta mélancolie, aime-moi, et elle me dit : va, je suis ta déception, traverse-moi, perds-toi et nais à la vérité absente. Le bleu de la mère, *my pain is also my remedy.*

20

Mother Blue, 1974

I hesitate, the work hesitates, is it pardoned, is it damned? Colours of heaven or hell? Do they speak their truth, namely that they are nothing compared with the insatiable desire to see? Or on the contrary, do they seduce, do they come to appease the gaze so as to hide from it the fact that there is nothing there? Bad quarrel, entirely speculative. In one and the same gesture, the work pays homage to the visible marvel and bears witness to the visual enigma. One betrays the other, luxuriance masks misery, and invokes it. In one and the same gesture, beaten raspberry-pink egg-whites served in a bottomless ultramarine dish impose themselves on my body appetite like the food it was lacking, with the self-evidence of that which delivers from evil – and they humiliate my clairvoyant soul which cannot forget that nothing ever appeases its desire to see differently, to see the other of the visible. In one and the same timbre, colour says to me: Come, I am your consolation, I cure your melancholy, love me, and it says to me: Go, I am your deception, traverse me, lose yourself and be born to the absent truth. The blue of the mother, *my pain is also my remedy.*

21 Untitled, 1972

Lithograph, 25 × 35 inches, Idemitsu Museum of Arts, Tokyo

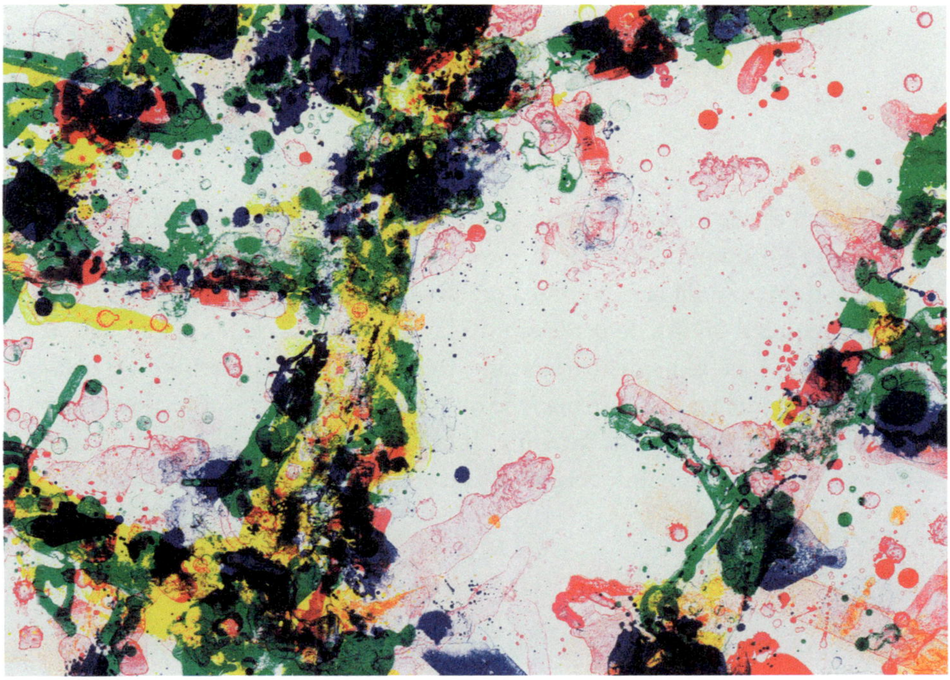

21

Untitled, 1972

Les objets de la vue ordinaire se désassemblent, s'enlèvent, se dissipent dans l'émulsion de leur vérité chromatique. L'œil absolu écarte, il distingue toutes les nuances comme l'oreille absolue tous les timbres et les harmoniques d'un son de percussion. Mais « absolu », cela n'a jamais lieu, et « tout », c'est seulement très avant, très loin au-delà du seuil où d'habitude commence la cécité blanche ou noire. « Tout » veut dire : beaucoup de pas hasardés en zone interdite. Il faudra beaucoup recommencer, tout recommencer à chaque fois, essayer et essayer.

21

Untitled, 1972

The objects of ordinary life are disassembled, carried off, dissipated in the emulsion of their chromatic truth. The absolute eye separates off, distinguishes all the nuances like the absolute ear distinguishes all the timbres and harmonics of a percussion sound. But "absolute" never takes place, and "all" is only very far ahead, far beyond the threshold at which white or black blindness usually commences. "All" means: many steps risked in a forbidden zone. Many will have to be begun again, all begun again each time, try and try again.

22 Untitled, 1988

Acrylic on canvas, 10.5 × 16.5 inches, Wetterling Gallery, Stockholm

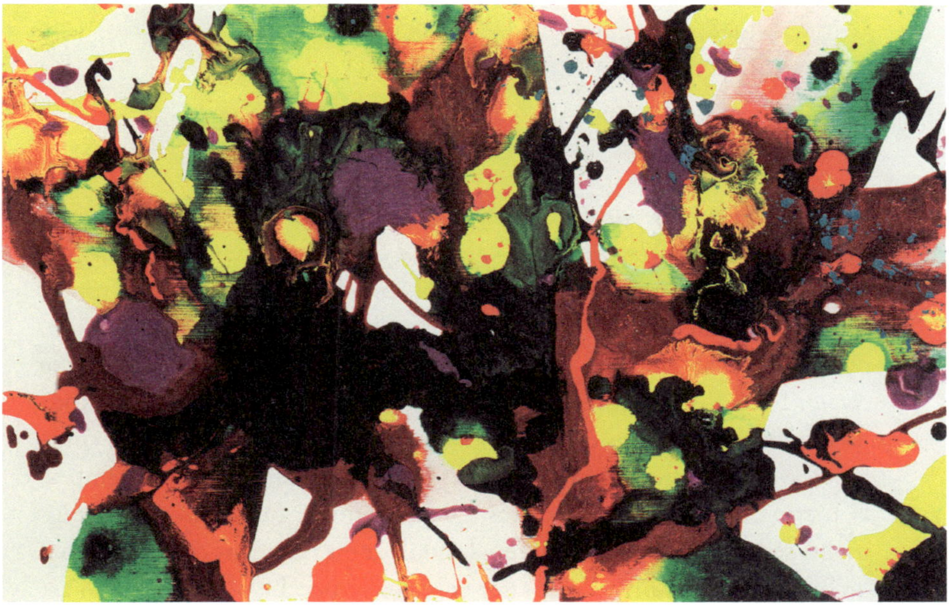

Untitled, 1988

There are four fiery points. One is the flaming mountain, the other is the unquenchable fire, the third is the pyramid fire, the fourth is the divine fire. Quand le regard est incendié, alors l'œil connaît la couleur *like a firing of the eye.* La couleur s'embrase violette, flambe jaune, elle rougeoie braise, s'éteint et renaît noire, le vert attend dans l'air. *Fire and air give birth to colour.* L'œil absolu brûle des quatre ardeurs. La main expose au feu tous les combustibles, toiles et papiers, les acryliques, les huiles, les uns combinés avec les autres, les gouaches, les lavis, les aquarelles, les détrempes, la pierre et l'aluminium, cuivres, contreplaqués, gommes, encres, pigments secs. Issue de l'air et du feu, la couleur est l'élément où les couleurs qu'on regarde viennent s'embraser et se consumer. La peinture est un art du feu, une pyrotechnique. C'est pourquoi elle est un art du temps, mais d'un temps autre, celui des feux d'artifice.

22

Untitled, 1988

There are four fiery points. One is the flaming mountain, the other is the unquenchable fire, the third is the pyramid fire, the fourth is the divine fire. When the gaze is set ablaze, then the eye knows colour *like a firing of the eye.* Colour blazes violet, flames yellow, glows red embers, goes out and is born again black, green waits in the air. *Fire and air give birth to colour.* The absolute eye burns with the four ardours. The hand exposes to the fire all combustible materials, canvases and papers, acrylics, oils, combinations with others, gouaches, washes, watercolours, distempers, stone and aluminium, copper, plywood, erasers, inks, dry pigments. Come from air and fire, colour is the element in which the colours we look at come to flare up and be consumed. Painting is an art of fire, a pyrotechnic. This is why it is an art of time, but of an other time, that of fireworks.

23 2 Sulfurs, 1979

Monotype, 30.5 × 24.75 inches, Private Collection

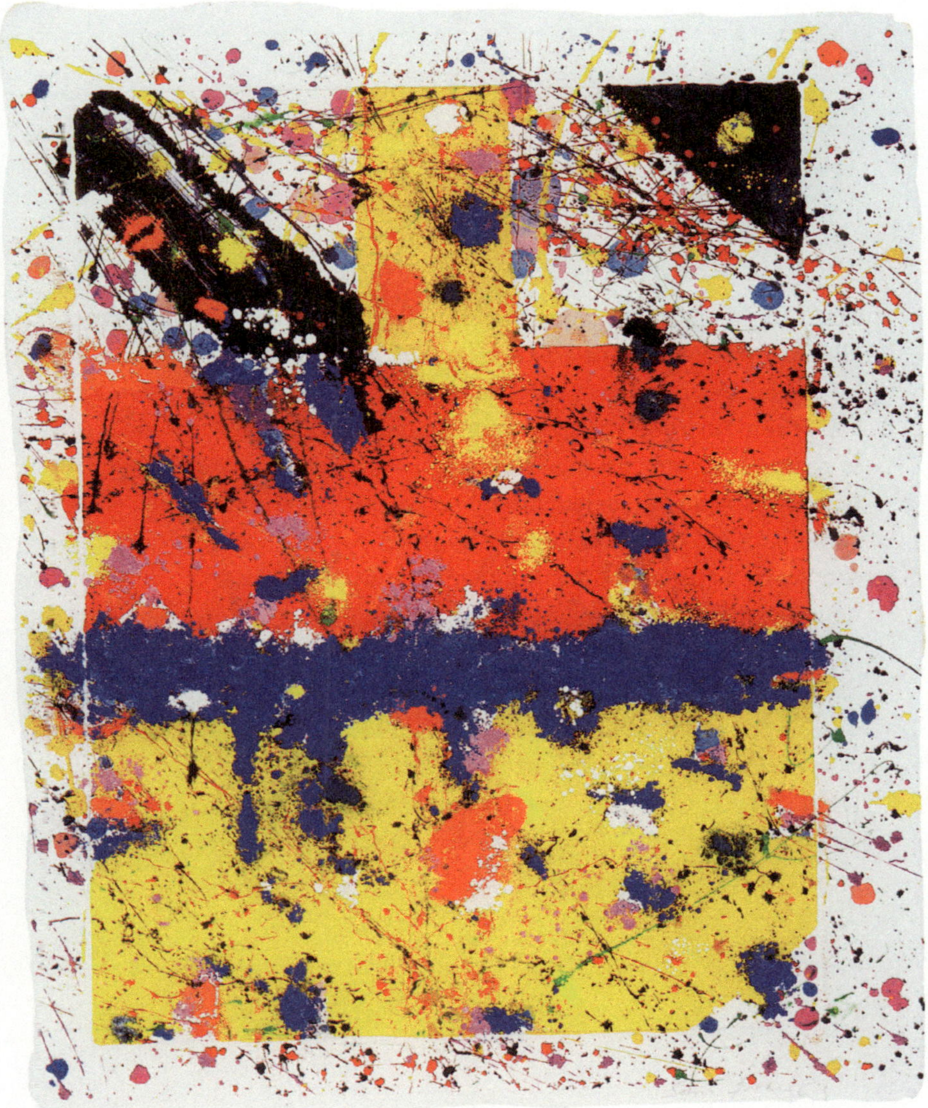

23

2 Sulfurs, 1979

Les mains préparent le feu, elles patouillent dans les pâtes et les pigments, elles distribuent presque à l'aveuglette les gouttes, les clusters, les taches, les aplats. Et c'est la merveille du bang fulgurant, quand la grosse presse MAN tire d'un coup sur papier fort le monotype imprévu. *I paint time,* le temps sans dimension, *instantaneous and simultaneous.* Je pousse le bouton, la machine se met à fumer sa vapeur empoisonnée, elle presse le papier à raison de six ou huit cents tonnes par inch carré, elle explose de son ventre l'impression inconnue, nouveau-né des couleurs, miraculeux bouquet total, fusée ready-made, que le papier retient et garde dans ses langes, je n'ai rien fait, dit l'homme effaré devant l'enfant. Ce que peut the MAN Press, l'homme en effet ne le peut pas. Dans la parturition machinique, tout travaille ensemble à l'instant, la nuit et la lumière, l'écrasement et la délivrance. L'enfer sulfureux accouche d'un ange aux mille parfums. Je m'éclipse, dit l'homme, et l'œuvre a lieu au-delà des lieux, aube de tous les temps. *I am ruin rolled. I am rolled,* dit le supposé père.

23

Sulfurs, 1979

Hands prepare the fire, they flounder in paste and pigment, distribute all but blindly the drops, the clusters, the spots, the fields. And then it's the marvel of the flashing bang, when the great MAN press prints in one go on thick paper the unforeseen monotype. *I paint time,* time without dimension, *instantaneous and simultaneous.* I push the button, the machine begins to smoke its poisonous steam, it presses the paper to the tune of six or eight hundred tons per square inch, expels from its belly the unknown print, new-born of colours, miraculous total bouquet, ready-made rocket, that the paper retains and keeps in its swaddles, I didn't do anything, says the alarmed man faced with the child. What the MAN press can do, the man indeed cannot. In machinic parturition, everything works together in a moment, night and light, crushing and delivery. The sulphurous hell gives birth to an angel with a thousand perfumes. I'm slipping off, says the man, and the work takes place beyond places, dawn of all times. *I am ruin rolled. I am rolled,* says the presumptive father.

24 Untitled, 1984

Monotype, 77 × 50 inches, Collection the artist

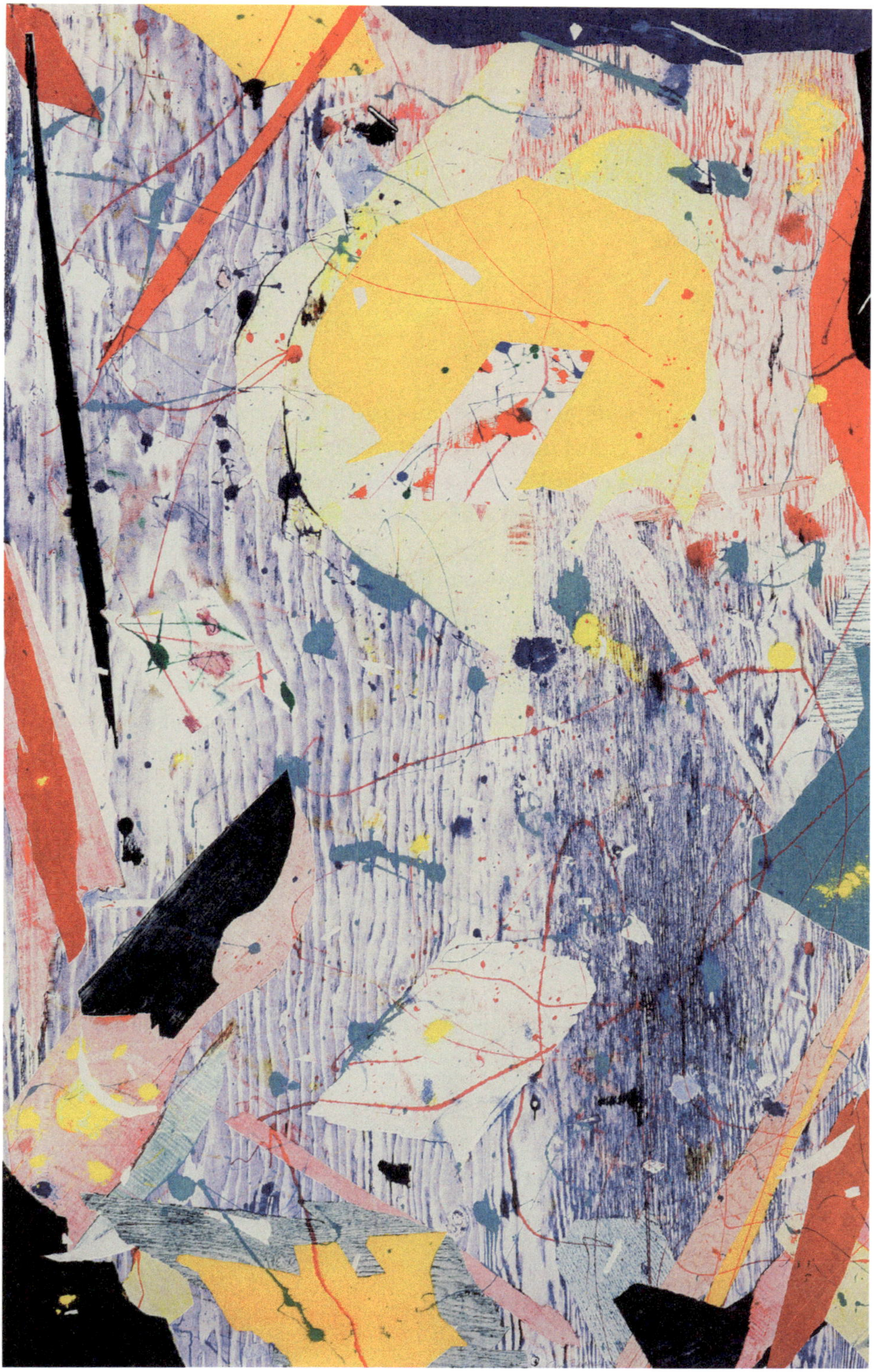

24

Untitled, 1984

Création, expression, il récuse ces motifs empruntés aux idéologies de la toute-puissance et de l'intériorité. Il n'est pas le dieu de l'origine, il n'est pas un état d'âme en mal de se manifester. Il étend un papier sur un bois, il les expose à l'inconnu, et le démon de la machine visuelle y dispense couleurs et formes. Comme si, d'un revers d'aile, il avait bousculé les magasins du visible. Le monotype fixe les quelques menus articles échus d'un coup de dés. Combien d'autres combinaisons étaient possibles, restent en souffrance ! L'instantané a la netteté d'un collage, et pourtant les timbres et les figures fort distincts flottent suspendus les uns auprès des autres dans un milieu incorporel, un dessus du bois. Ils n'ont pas fini de dériver. Leur contingence évoque un immense potentiel d'organisations visibles. Cette réserve est le visuel.

Untitled, 1984

Creation, expression: he refuses these motifs borrowed from ideologies of all-power and interiority. He is not the god of the origin, he is not an *état d'âme* yearning to manifest itself. He spreads a bit of paper on wood, exposes them to the unknown, and the demon of the visual machine dispenses colours and forms onto them. As though, with a backward stroke of the wing, he had jolted the storerooms of the visible. The monotype fixes the few small articles fallen from a throw of the dice. How many other combinations were possible, remain pending! The snap has the sharpness of a collage, and yet the very distinct timbres and figures float suspended around each other, in an incorporeal milieu, above the wood. They have not finished drifting. Their contingency evokes a huge potential of visible organisations. This reserve is the visual.

25 Question to Heaven, 1974

Acrylic on canvas, 86 × 110 inches, Idemitsu Museum of Arts, Tokyo

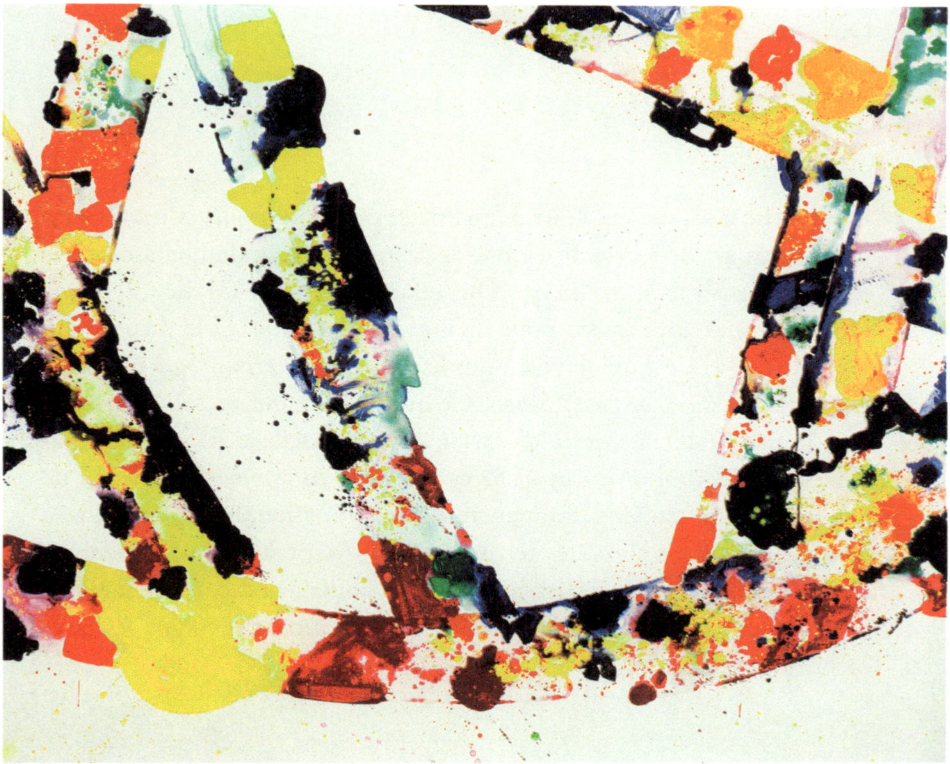

25

Question to Heaven, 1974

La maîtrise a ses secrets. L'art de maîtriser est la politique. Mais la peinture est un art de servir. Il n'a pas de secret, il demande une ascèse : *to be an eye rather than use an eye.* On se fait le serviteur du dieu, l'imperceptible visuel, on l'assiste pour qu'il se rende visible. Si le dieu attend quelque chose, c'est qu'on voie pour lui. *You see for Him, that's just being a servant of vision, of God's vision.* Ce qu'il voit et qui ne se voit pas, tu dois le manifester. Le geste d'écarter, d'ouvrir et de déployer n'est pas d'évasion. *Painting is a way of being anchored in the world.* Un peu de gouache sur un papier suffit à ancrer l'ange du visuel un instant dans la baie du regard. Et alors, les territoires de la vue craquent, l'horizon se dilate, l'autorité ordinaire des yeux sur leur domaine est bafouée. Le dieu attend que le geste du peintre ramifie les étendues et divulgue les faces cachées du temps.

25

Question to Heaven, 1974

Mastery has its secrets. The art of mastery is politics. But painting is an art of serving. It has no secret, but requires an ascesis: *to be an eye rather than use an eye.* One becomes the servant of the god, the imperceptible visual, one assists him so that he should make himself visible. If the god is waiting for something, it's for us to see for him. *You see for Him, that's just being a servant of vision, of God's vision.* What he sees and cannot make seen, you must make manifest. The gesture of separating, opening and spreading is not a gesture of flight. *Painting is a way of being anchored in the world.* A little gouache on a piece of paper is enough to anchor the angel of the visual for a moment in the bay of the gaze. And then, the territories of sight crack, the horizon dilates, the ordinary authority of the eyes over their domain is challenged. The god waits for the painter's gesture to ramify the expanses and divulge the hidden faces of time.

26 Blue Balls VII, 1961 – 62

Acrylic and oil on canvas, 72 × 96 inches, Marcia Simon Weisman Trust, Los Angeles

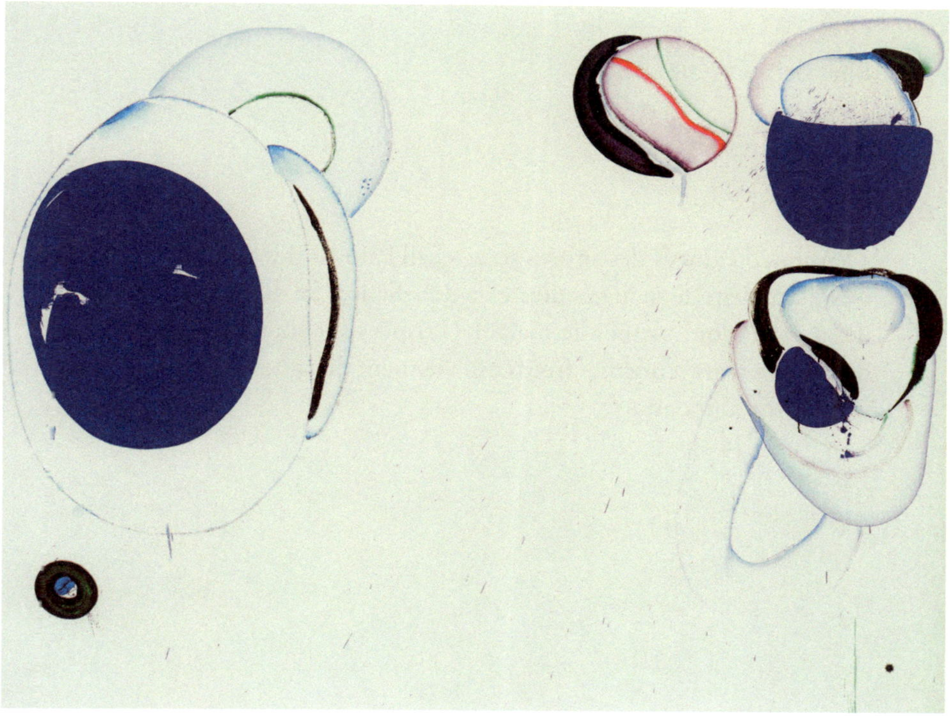

26

Blue Balls VII, 1961-62

« Saturated Paints » des années 50 et « Sail Paints » des années 55. En 1960, c'est l'accident, le mauvais doute, la défaillance. Le dieu se tait. Des glandes à l'abandon, bleuies de maladie, crispées sur soi en poignées molles, des cauchemars d'organes froids qui viennent divaguer au regard et y rouler comme à une mort.

26

Blue Balls VII, 1961-62

"Saturated Paints" of the early 50s and "Sail Paints" of around '55. In 1960, there's the accident, destructive doubt, failing. The god is silent. Glands deserted, blue with illness, clenched on themselves in soft handfuls, nightmares of cold organs that come to ramble to the gaze and roll themselves in it, as though at a death.

27 When White, 1963 – 64

Oil on canvas, 96 × 76 inches, Foster Goldstrom, New York

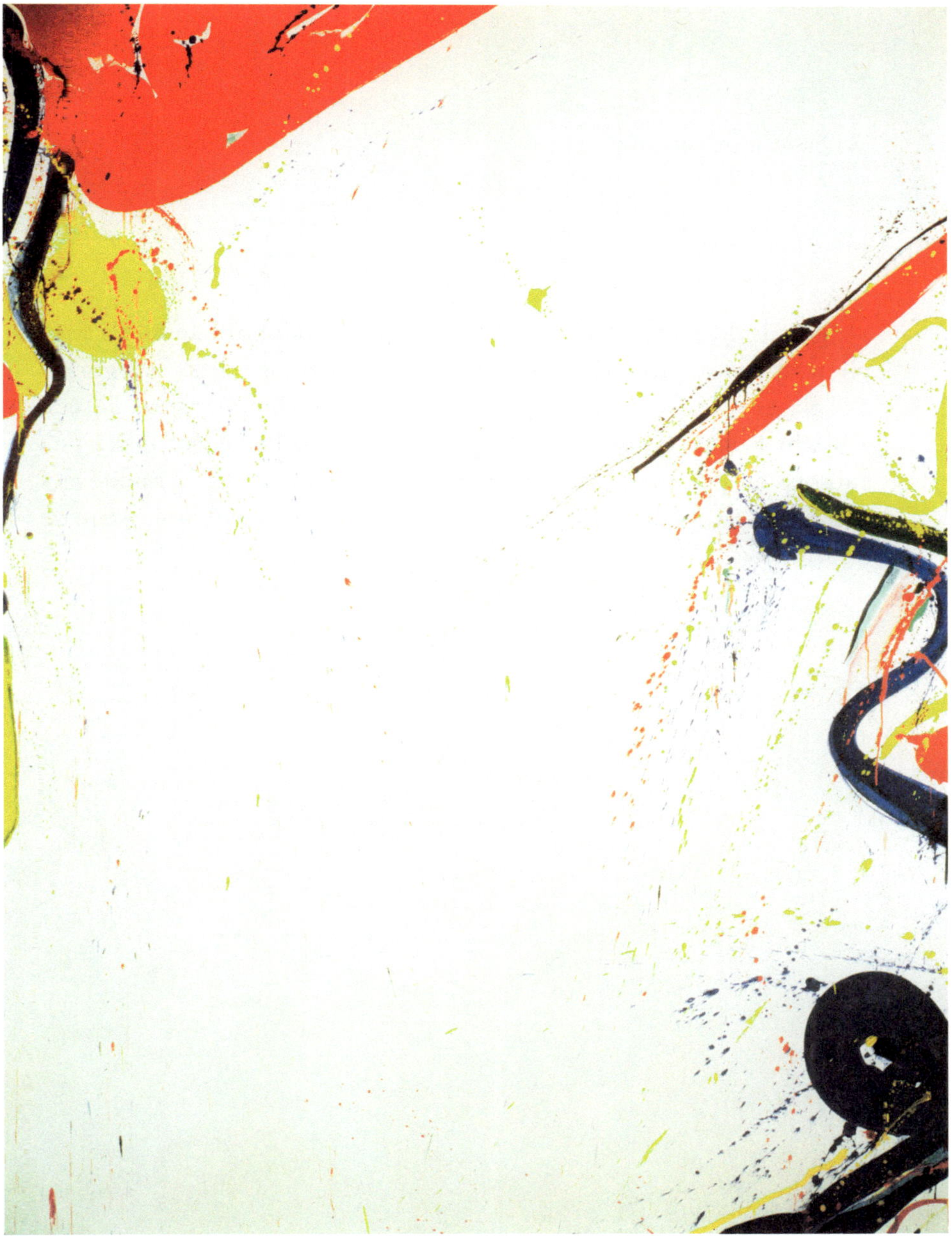

27

When White, 1963-64

De grands draps immaculés commencent à se tendre peu après. Ils s'appliquent aux surfaces, ils les gagnent, ils se diluent en elles. Et les grandes plages vierges s'engouffrent dans la gueule divine. À travers la série « Bright Ring », gouaches, acryliques et huiles, la blancheur peu à peu s'absout de presque toute circonstance chromatique. Et la nudité des *Untitled* (vers 1968) bénit, avec sa gloire simple et muette, une sorte de résurrection.

27

When White, 1963-64

Great immaculate sheets begin to be spread soon afterwards. They are applied to surfaces, take them over, are diluted in them. And the great virgin beaches engulfed in the divine maw. Through the "Bright Ring" series, gouaches, acrylics and oils, whiteness little by little absolves itself of almost every chromatic circumstance. And the nudity of the *Untitleds* (around 1968) blesses, with its simple silent glory, a sort of resurrection.

28 Bright Ring #4, 1968

Acrylic on canvas, 87 × 157 inches, Idemitsu Museum of Arts, Tokyo

28

Bright Ring n°4 , 1968

Ce qu'aura signalé l'œuvre, même à travers la crise des *Blue Balls*, c'est que ni le bleu ou le verdâtre ou le noir, même le blanc qui les supplante, ne se rapportent à la maladie de la mort. Leurs voix apparemment désaccordées annoncent, redoutent, appellent la cécité aux couleurs immédiates dont le peintre a besoin pour honorer la vision divine. Elles exposent tantôt la peur, tantôt la délivrance espérée du regard tendu au-delà de ce qu'il voit. Dans les *Balls*, le dur désir de peindre, intact, se plaint que les yeux ne soient que des billes vaines et des bourses closes. L'effroi devant le visible, la haine de sa misère stérile sont pourtant des hommages rendus à son au-delà, encore. Dans les « Bright Ring » et les *Untitled*, le dur défi de peindre plante ces mêmes yeux droit dans le blanc des apparences. – Quant à la mort du peintre, voici : il arrive qu'il la souhaite pour échapper à la demande, blanche ou noire, qui lui vient du dieu visuel. Elle n'est pas son désir, elle serait sa suppression.

28

Bright Ring n°4, 1968

What his oeuvre will have signalled, even through the *Blue Balls* crisis, is that neither blue or off-green or black, nor the white that supplants them, are related to the illness of death. Their apparently discordant voices announce, fear, call for blindness towards the immediate colours the painter needs in order to honour the divine vision. They expose now fear, now the hoped-for deliverance of the gaze stretched out beyond what it sees. In the *Balls,* the hard, intact desire to paint complains that the eyes are no more than vain marbles and closed purses. The fright faced with the visible, the hatred of its sterile misery are nonetheless homages rendered to its beyond, still. In the "Bright Ring" series and the related *Untitleds,* the hard challenge of painting sticks those same eyes right in the white of appearances. -As for the painter's death, well, it sometimes happens that he wishes for it in order to escape the black or white demand that comes to him from the visual god. It is not his desire, but would be its suppression.

29 Untitled, 1989

Acrylic on paper, 10.5 × 3.5 inches, Gallery Delaive, Amsterdam

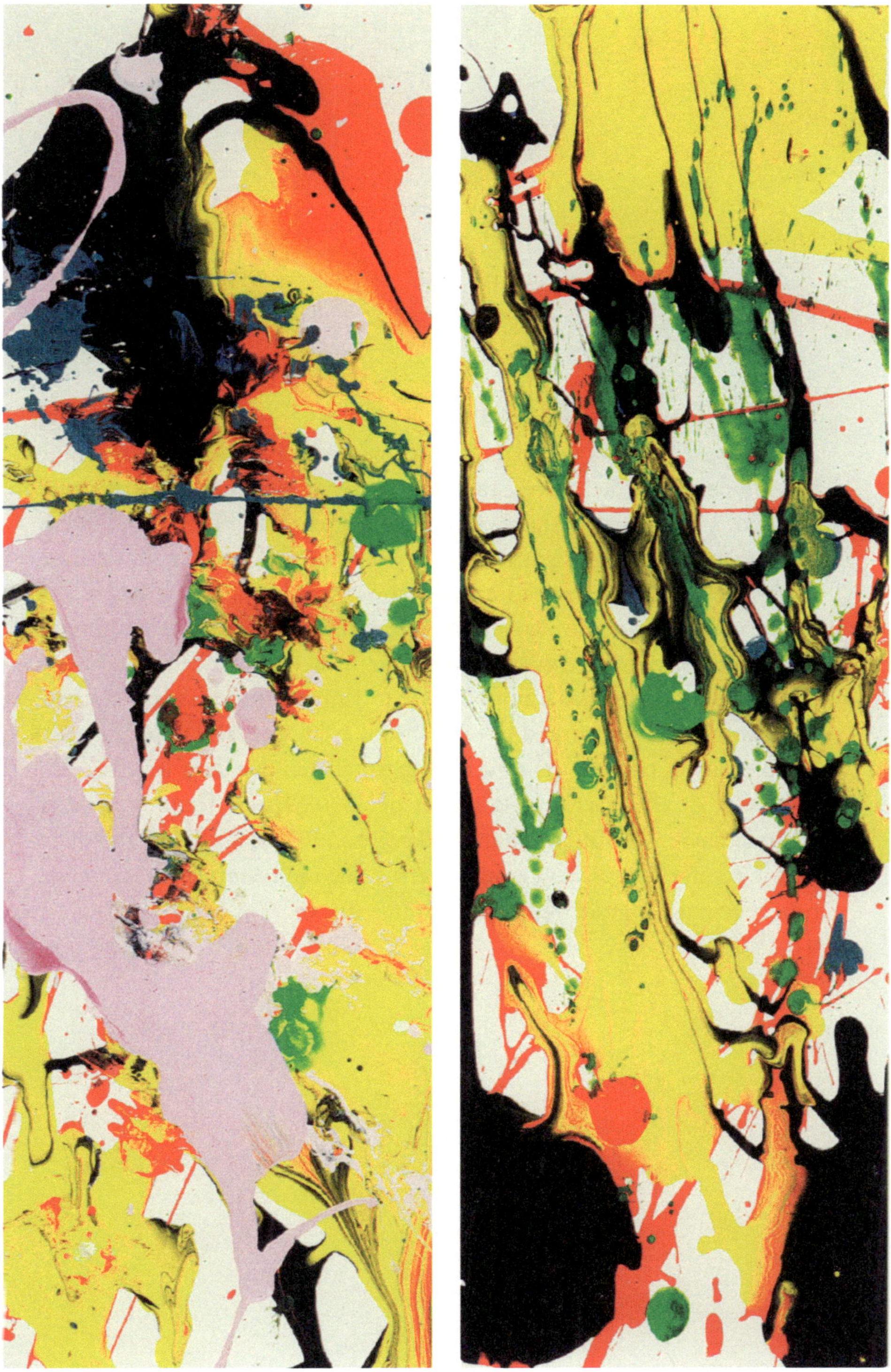

29

Untitled, 1989

Je n'en finirai pas, il n'en finira pas. À quoi bon distinguer des épisodes et raconter ? L'œuvre est « là » d'un coup comme sortie d'une machine monotype, totale, inachevée, toujours et jamais la même, contradictoire bouquet à la gloire de ce que voir peut et ne peut pas. Enfer, ciel, limbes, démon, ange et dieu, – pauvres mots pour dire l'impossible du désir de voir et de faire voir, pour nommer la chose sans nom. Génie visuel : ne permet pas à la vue de s'abandonner aux délices du regard. Il suspend un instant le vol des couleurs non pour fixer leur charme mais montrer qu'elles ne sont pas à nous. Il attend l'apparition dans les apparences comme le moine attend l'éveil dans les événements. Il enseigne cette leçon : que les ténèbres ne sont nulle part ailleurs que dans les chairs du monde et qu'elles secrètent la succulence de celles-ci. Toute l'œuvre et chaque œuvre vient au jour dans le *Black Instant* (1958, aquarelle) d'où le visible résulte. Cet instant n'appartient à aucune histoire, et l'œuvre ne progresse pas. Le geste multiplie des ouvertures.

29

Untitled, 1989

There'll be no end to it, for me or far him. What's the point of distinguishing episodes and narrating them? The œuvre is "there", in one go, as though it has come from a monotype machine, total, incomplete, always and never the same, contradictory bouquet to the glory of what seeing can and cannot do. Hell, heaven, limbo, demon, angel and god – poor words to speak what's impossible about the desire to see and make seen, to name the nameless thing. Visual genius: does not allow sight to abandon itself to the delights of the gaze. It suspends for a moment the flight of colours, not to fix their charm but to show that they are not ours. It waits for the appearing of appearances like the monk awaits awakening in events. He teaches this lesson: that the darkness is nowhere other than in the flesh of the world and that it secretes that flesh's succulence. The whole oeuvre and each individual work are born in the *Black Instant* (1958, watercolour) from which the visible results. This instant belongs to no history, and the work does not progress. The gesture multiplies openings.

30 The Whiteness of the Whale, 1957

Oil on canvas, 104 × 85 inches, Albright-Knox Gallery, Buffalo

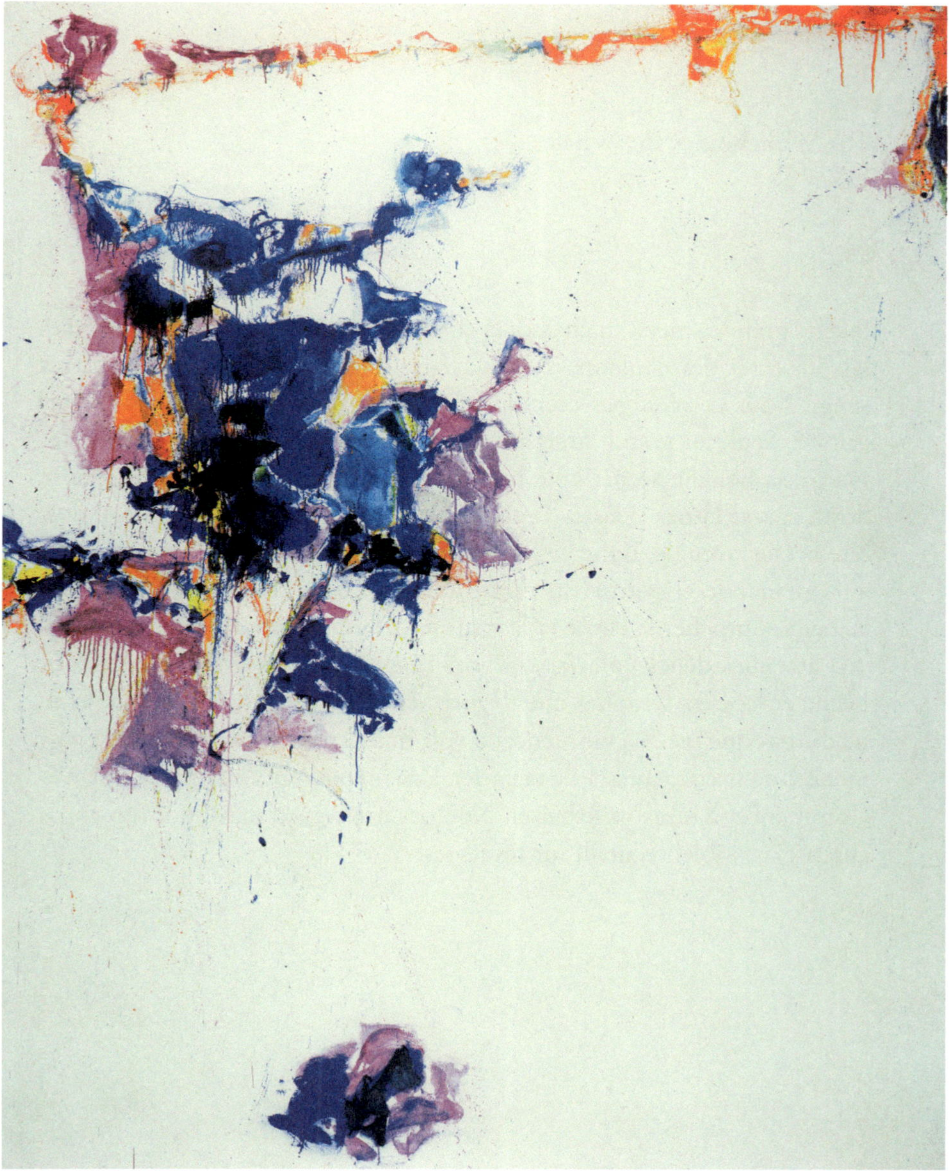

30

The Whiteness of the Whale, 1957

Sur les grandes mers, tu chasses la chose blanche comme si le blanc recelait le secret des couleurs. Tu veux faire saigner la blanche de tous ses sangs. Mais ce n'est pas comme cela. Il fait doux dans les eaux le soir tombé. Seul, au grand large, on baigne affaibli et calme. Il te reste tes mains, la bouche sèche. Une brassée de taches en train de se dissoudre flotte éparse là-bas. Laisser venir, voilà tout. Se mettre à plat sur le dos, tête bêche, aveugle, boire ces liqueurs à même l'eau grise. Car ce peintre aura demandé et permis au regard qu'il cesse de chasser. Il faut, dit-il, laisser s'approcher la chose et la tenir ferme, appliquer la bouche et l'ouvrir aux sucs délicieux. *The best way to know a thing is to eat it lick it.* Lèche et lape les lymphes que dégorge la blanche jusqu'à ta langue et je ne dis pas que tu vas commencer à voir mais, si dieu le veut, tu vas commencer peut-être à cesser de regarder. *Zen is found in the saliva of the gods.* Commencer à recevoir le baiser. Non pas ton regard mais tout ton corps absenté, passible, recueilli sur tes lèvres.

30

The Whiteness of the Whale, 1957

On the high seas, you hunt the white thing as though white concealed the secret of colours. You want to make the white thing bleed with its every blood. But that's not how it is. It is pleasant in the waters once evening has come. Alone, on the open sea, one bathes, enfeebled and calm. You have your hands left, and your dry mouth. An armful of spots in the process of dissolving floats sparse over there. Let it come, that's all. Put yourself flat on your back, head to toe, blind, drink these liquors right from the grey water. For this painter will have demanded and permitted of the gaze that it cease hunting. You must, he says, let the thing approach and hold it firm, apply the mouth and open it to the delicious juices. *The best way to know a thing is to eat it lick it.* Lick and lap the lymphs disgorged by white to your tongue, and I'm not saying that you are going to begin to see but, if god wills it, you are perhaps going to stop looking. *Zen is found in the saliva of the gods.* Begin to receive the kiss. Not your gaze but your whole body absented, passible, gathered on your lips.

31 Ahab, 1962

Gouache, 20 × 26 inches, Collection Kiki Kogelnik, New York

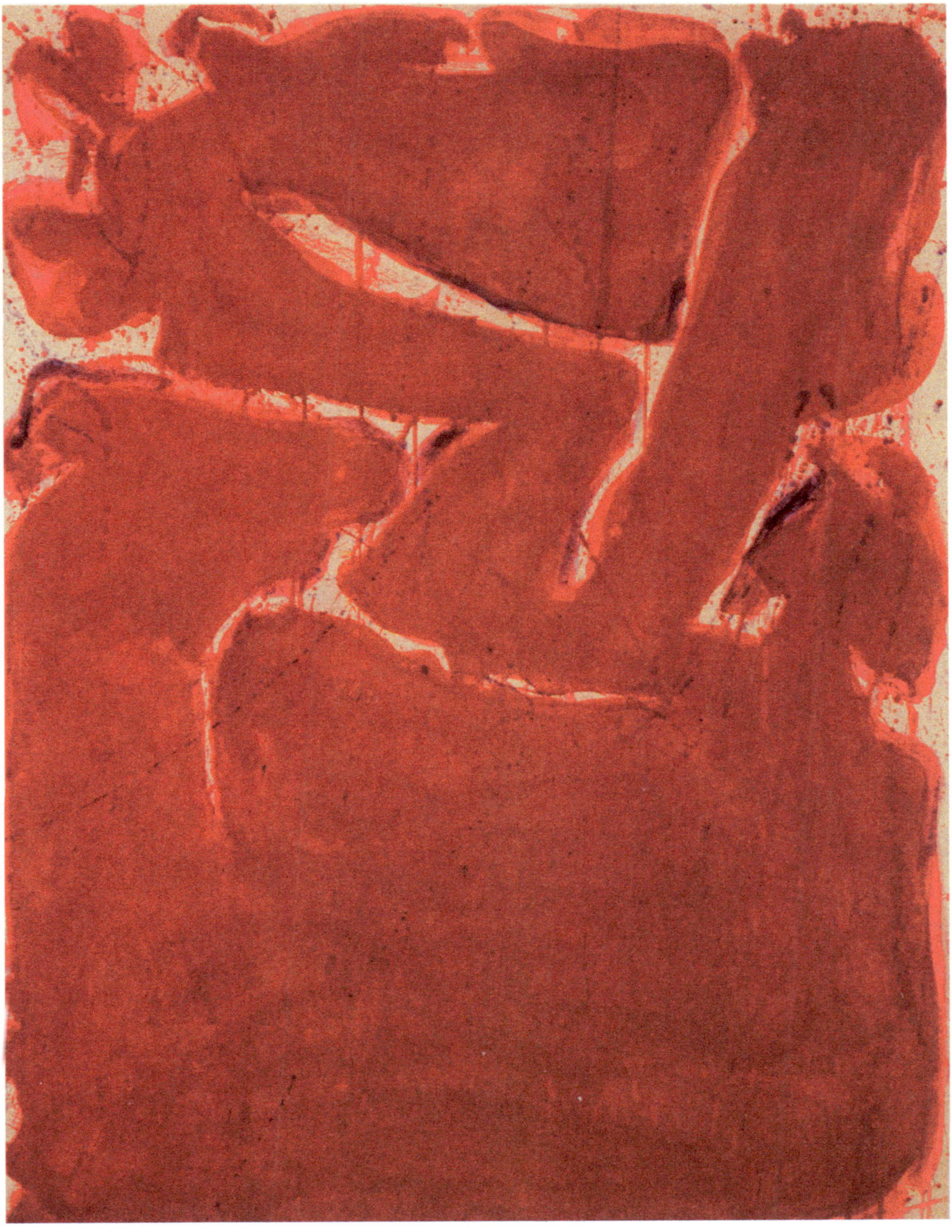

31

Ahab, 1962

Il faut tenir la chose très serrée parce qu'elle ne pense qu'à une chose, t'échapper. Elle fait toujours de la manière suivante : elle accourt au-devant de toi et s'offre à tes yeux ravis. Elle se fait belle. Te paraît, pavane, se pare à tes yeux, pour s'éclipser. Et après cela ayant survécu, Ulysse, tu pourras écrire les mémoires de ta chasse et de ta rencontre avec elle. Tu écriras quels sentiments elle t'a fait éprouver. Faciles à deviner : « captivé mais tu t'en es sorti ». Puisque tu peux commenter. Tu repartiras à sa poursuite. – Alors qu'il te dit : empêche-toi de bouger , pas de distance, suce son ambre gris à même, couche-toi dessus, il ne faut pas qu'elle se dresse devant toi. Depuis les premières lithographies (1960), il s'est mis à peindre à plat.

31

Ahab, 1962

You have to hold the thing very tight because it has only one thing on its mind, and that is to get away from you. It always does the following: runs out in front of you and offers itself to your delighted eyes. Makes itself pretty. Appears to you, struts, parades before your eyes, and then vanishes. And after that, having survived, Ulysses, you'll be able to write the memoires of the hunt and of your meeting with her. You will write down the feelings she inspired in you. Easy to guess: "You were captivated but you got away." Since you can talk about it. You'll go back after it -Whereas he says to you: stop yourself moving, no distance, suck its ambergris directly, lie on top of it, it mustn't stand before you. From the first lithographs (1960), he began to paint flat.

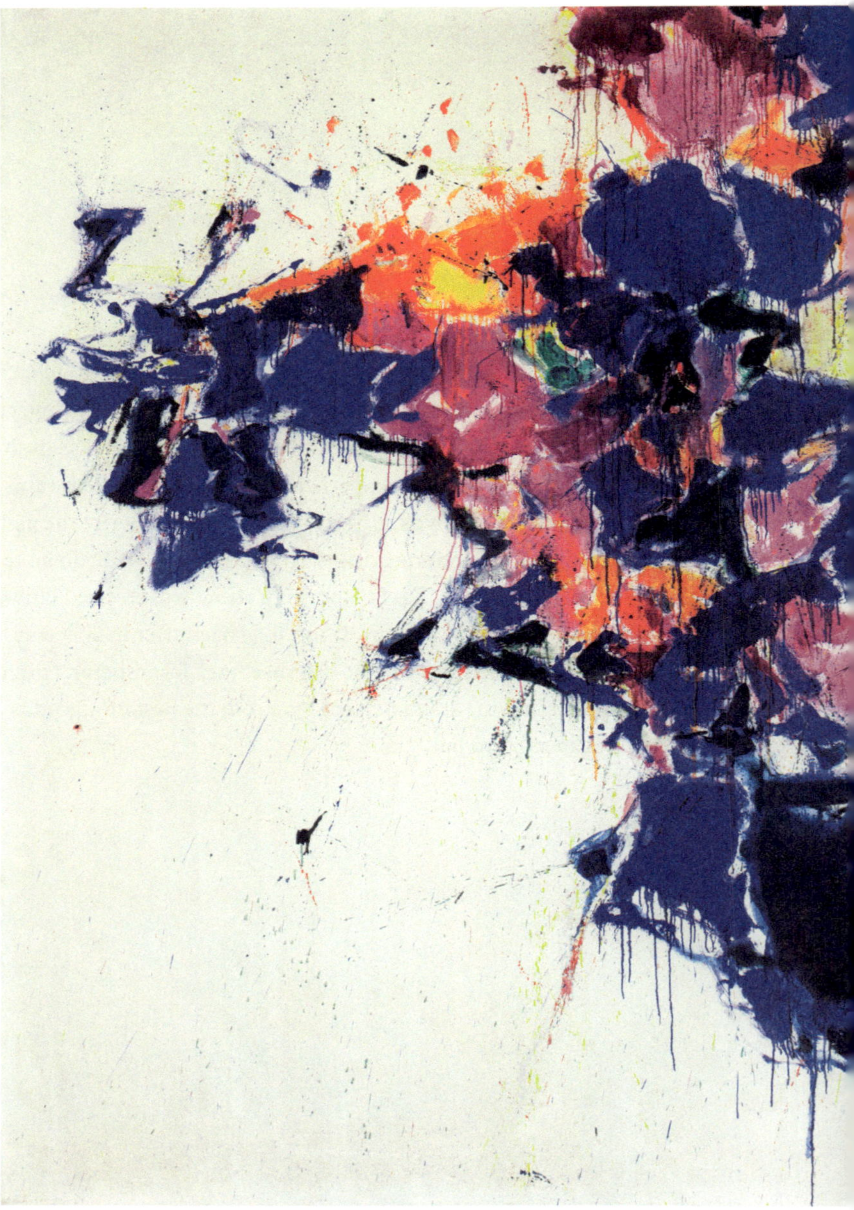

32 Moby Dick, 1958

Oil on canvas, 92 × 146 inches, Private Collection

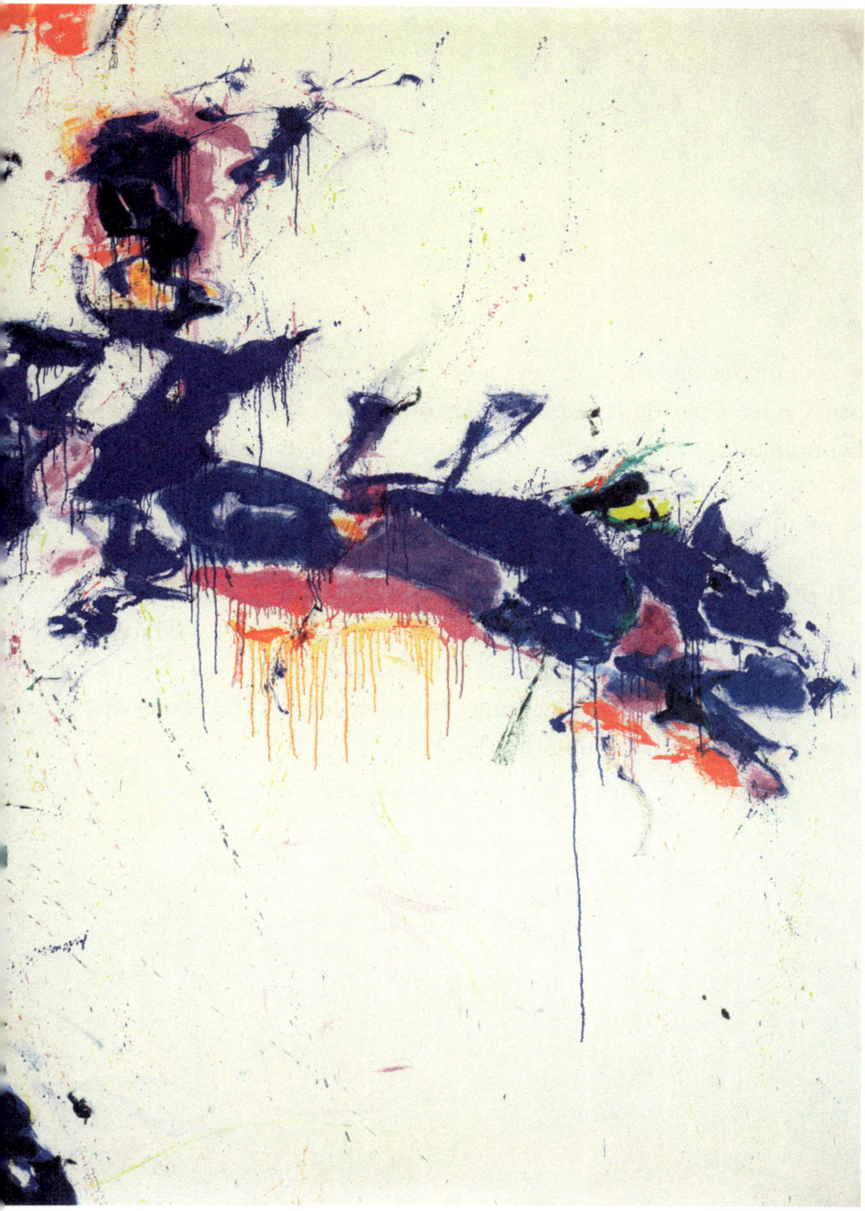

32

Moby Dick, 1958

Elle ne devrait rien te faire que te déloger. Faire abdiquer ton regard et tes mots. Ce n'est pas de la peinture, des images. Ce n'est pas à regarder et commenter. C'est peindre. Tu n'auras pas à faire voir comment c'est fait et comment ça se voit. Il peint pour qu'on ait soif. C'est la baleine. Tu ne peux pas la regarder, elle te fait voir. Tu crois qu'elle te veut quelque chose, qu'elle te fait courir, qu'elle se joue de toi. Qu'elle veut que tu la traques. Qu'elle veut que tu veuilles la harponner. Mais elle ne te veut rien. Elle est ta soif. Couche-toi, attends immobile, tète. Elle n'est pas quelque chose, bois. Donne-lui ton geste, sans objet ni sujet. Rien à prendre, rien qui presse. Jacob et l'ange embrassés, et le baiser cruel du couteau à la hanche. Il faudra boiter.

Moby Dick, 1958

It ought to do nothing to you other than dislodge you. Make your gaze and your words abdicate. It is not painting, images. It is not for looking at and commenting on. It's painting. You won't have to show how it's made and how it's seen. He paints so that we should be thirsty. It's the whale. You can't look at it, it's what makes you see. You think it wants something from you, that it's stringing you along, making fun of you. You think it wants you to follow it. That it wants you to want to harpoon it. But it wants nothing from you-it is your thirst. Lie down, wait immobile, suckle. It is not something, drink. Give it your gesture, without object or subject. Nothing to take, nothing that takes. Jacob and the angel embracing, and the cruel kiss of the knife on the hip. You'll have to limp.

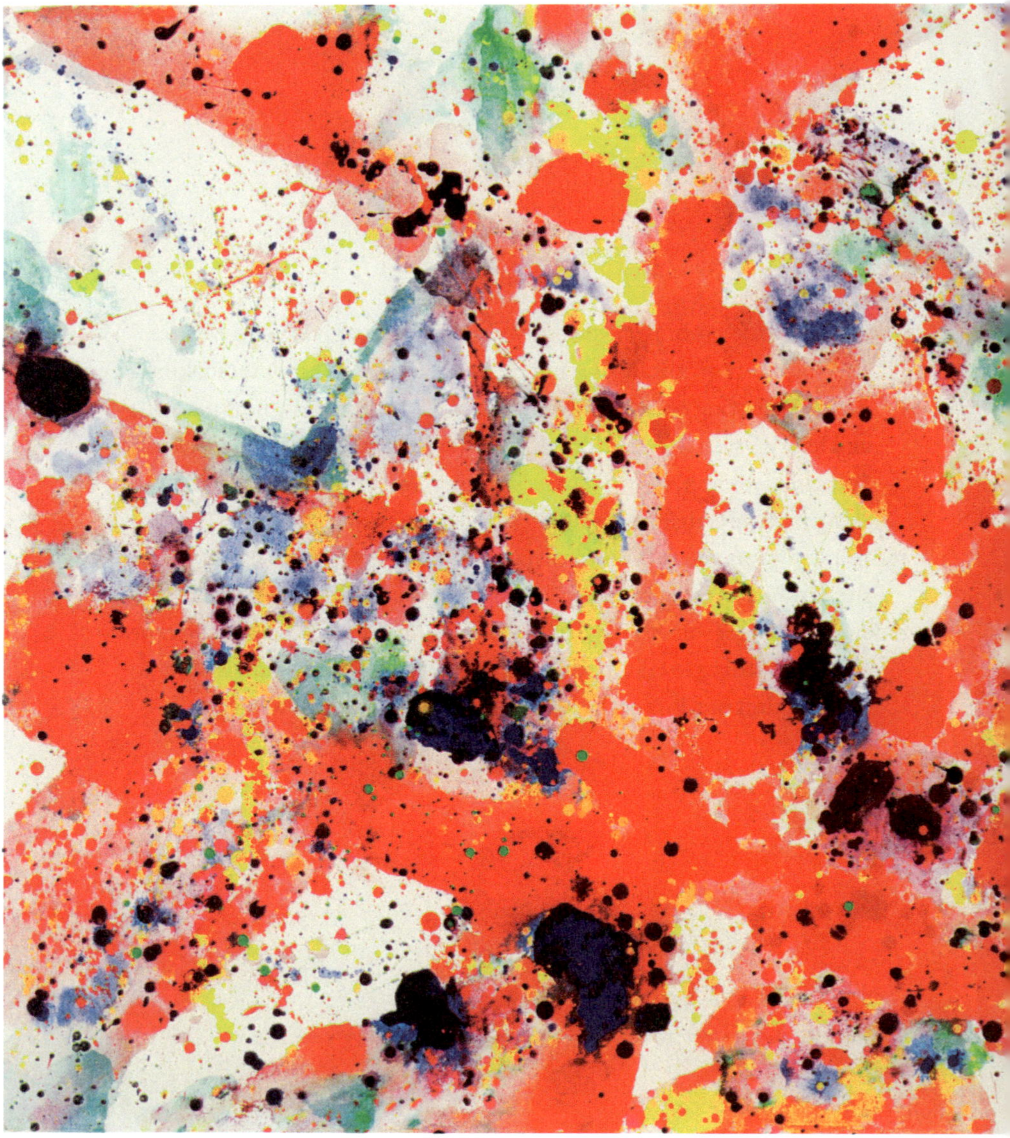

33 Polar Red, 1973

Acrylic on paper, 37 × 72 inches, Idemitsu Museum of Arts, Tokyo

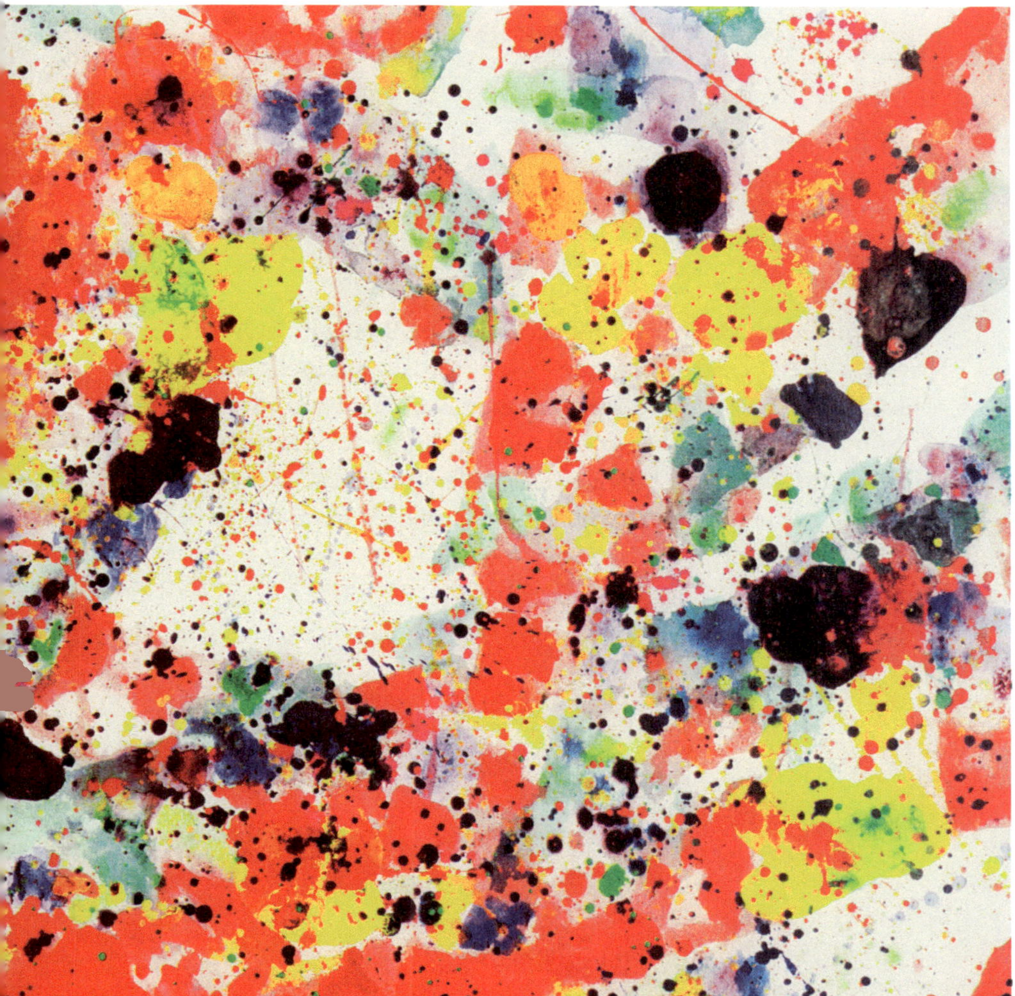

33

Polar Red, 1973

On commente : Bonnard, Monet, les Fauves, Matisse… On vénère les parfums que la chair du monde exhale. On admire qu'ils soient « rendus » par les seuls timbres chromatiques, par le seul accord des timbres. C'est ainsi qu'on écrit sur sa peinture. Et lui, il a tout conservé de cet héritage, dit-on, sauf la silhouette de la femme nue. Comme si (on dit « comme si » en parlant de peinture), comme s'il ne restait de la pulpe que l'arôme fugace. Etc…

33

Polar Red, 1973

Commentaries: Bonnard, Monet, the Fauvists, Matisse ... Veneration for the perfumes exhaled by the flesh of the world. They admire the fact that these perfumes should be "rendered" by chromatic timbres alone, by the harmony of the timbres alone. That's how people write about painting. And they say that he has kept everything from this tradition except the silhouette of the nude woman. As if (people say "as if" when they talk about painting), as if all that remained of the fruit-flesh was its transient odour. Etc ...

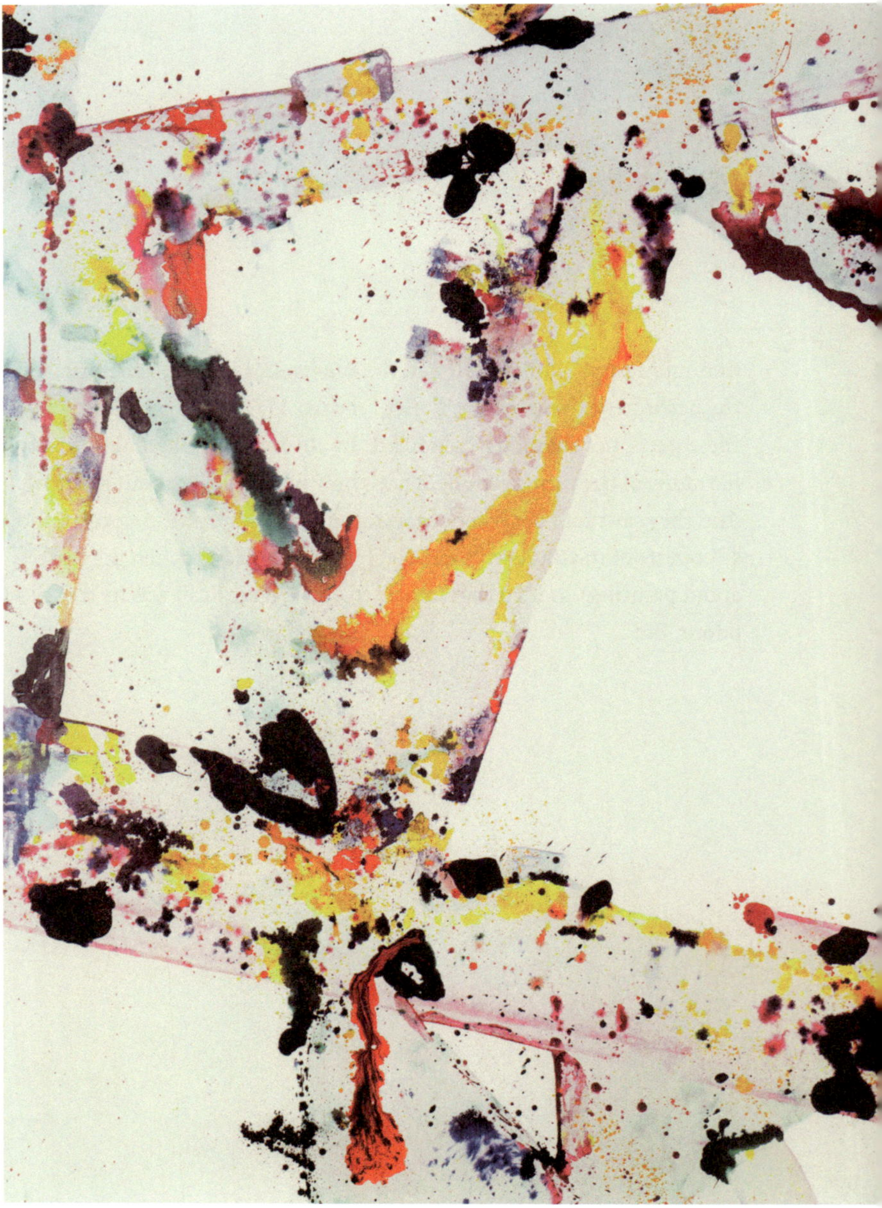

34 Permanent Water, 1973

Acrylic and oil on canvas, 96 × 156 inches, Collection the artist

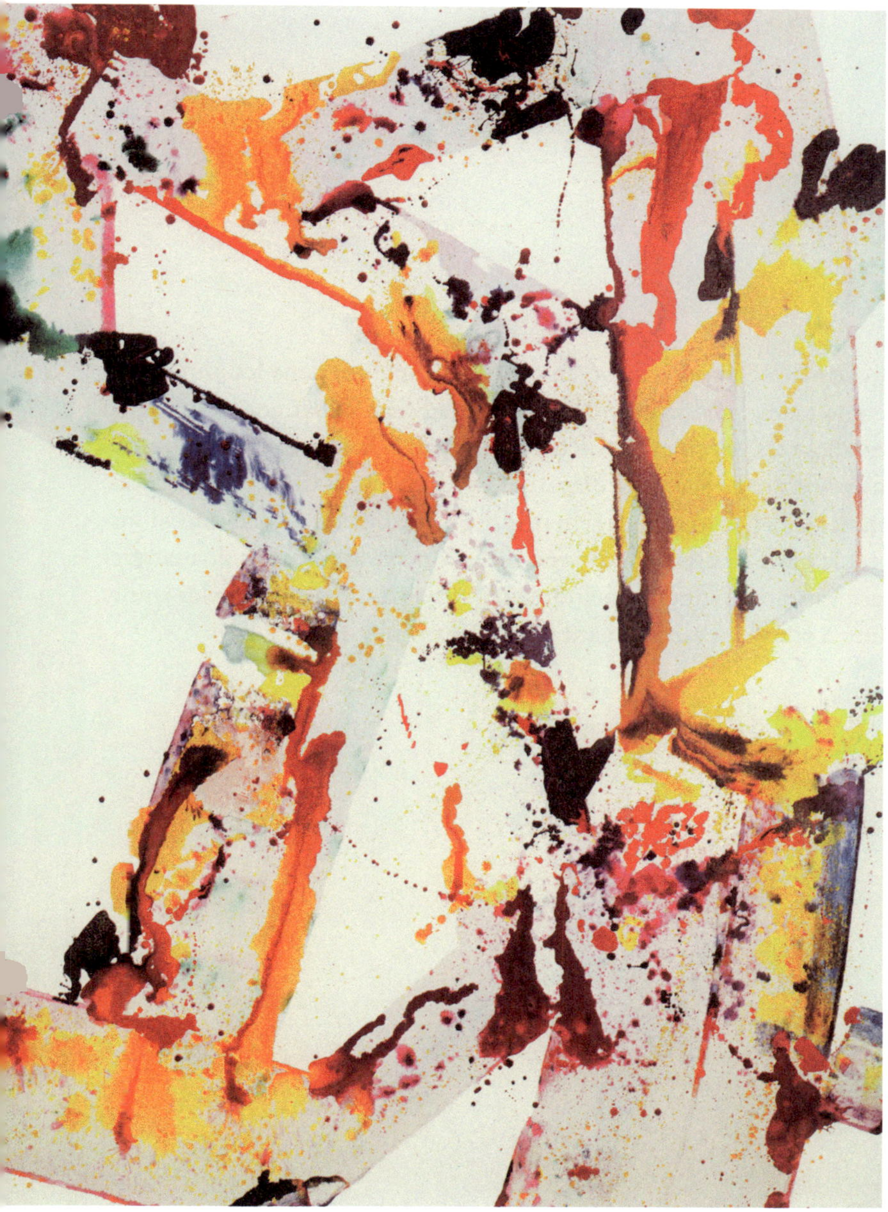

34

Permanent Water, 1973

Un quadrilatère *blank* réservé au centre des œuvres dans les années 70. Flamants roses, mésanges, *blue birds*, paradisiers s'ébattent alentour en volées diaprées. Plumes de fleurs pour parer la couche abandonnée. Dernier hommage à la belle disparue. Et les éléments de sa chair, graciés, montent au ciel. On ne peut rien peindre d'elle que cela : sa vanité à l'instant où la grâce la dissipe et la sanctifie. – Encore est-ce trop de marquer la place vacante. Il faudrait peindre qu'il n'y a pas de place, que les jeunes femmes à la toilette de Bonnard s'appellent Moby Dick.

34

Permanent Water, 1973

A blank quadrilateral reserved at the centre of the works from the 70s. Pink flamingoes, finches, bluebirds, birds of paradise frolic around in multicoloured flights. Flower-feathers to adorn the abandoned conch-shell. Last homage to the vanished beauty. And the elements of her flesh, pardoned, rise to heaven. One can paint nothing of her but that: her vanity at the moment when grace dissipates and sanctifies it. – But it's still too much to mark the vacant place. You'd have to paint that there is no place, that Bonnard's young women dressing are called Moby Dick.

35 Untitled, 1989

Acrylic on paper, 9 × 7 inches, Gallery Delaive, Amsterdam

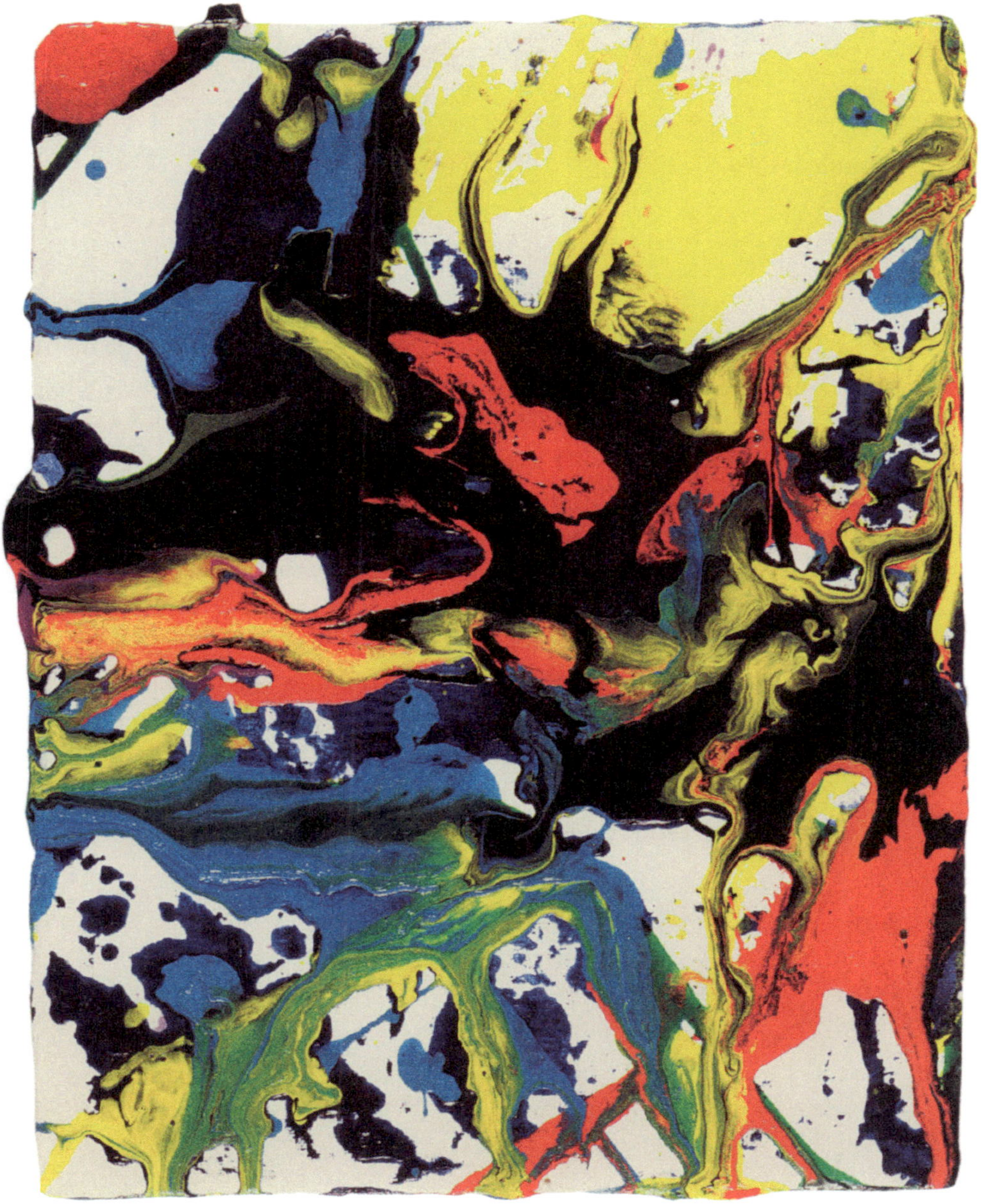

35

Untitled, 1989

Il faudrait peindre un espace-temps-matière blanc, ou noir, ou jaune ou bleu, tout ensemble, d'une couleur incolore, un espace hors repères, un temps sans durée : la simple puissance de situer, dater et faire voir. La faiblesse. Cela qui ne se connaît pas et n'appartient à personne. La convulsion du silence, une montagne de mer, un feu au bout du cosmos, et l'uchronie. À cela toute couleur est puisée, de cela la peinture reçoit son geste et son autorité humblement. L'œuvre est ce paradoxe : objet visible, elle témoigne d'une substance inconnue, diaphane, grosse de pouvoirs en couleurs, en spatialités et temporalités innombrables. De la foudre lente. L'œuvre est l'obligée de cela et elle oblige l'œil à se faire bouche pour s'aboucher à cela. L'œuvre et le cri que cela pousse quand la main du peintre, en nous mettant cela dans la gorge, le transmue au passage en couleur visible et étendue arpentable, en temps qui dure. Schubert, au *Quatuor n° 14*, fait ainsi transiter l'inaudible dans la gorge de nos oreilles.

35

Untitled, 1989

Have to paint a space-time-matter in white, or black, or yellow or blue, all together, in a colourless colour, a space with no reference points, a time without duration: the simple power of situating, dating and showing. Weakness. What does not know itself and belongs to no-one. The convulsion of silence, a sea-mountain, a fire at the end of the cosmos, and uchronia. From that all colour is drawn, from that painting receives its gesture and its authority, humbly. The work is this paradox: as a visible object, it bears witness to an unknown substance, diaphanous, big with powers in innumerable colours, spatialities and temporalities. Slow lightning. The work is in the obligation of that and obliges the eye to turn into a mouth to mouth onto that. The work is the cry it gives when the painter's hand, putting it into our throat, transmogrifies it in passing into visible colour and surveyable expanse, into lasting time. Schubert, in the *Quartet No.14*, makes the inaudible transit into the throat of our ears in this way.

36 Untitled, 1975

Acrylic on canvas, 222 × 210 inches, Private Collection

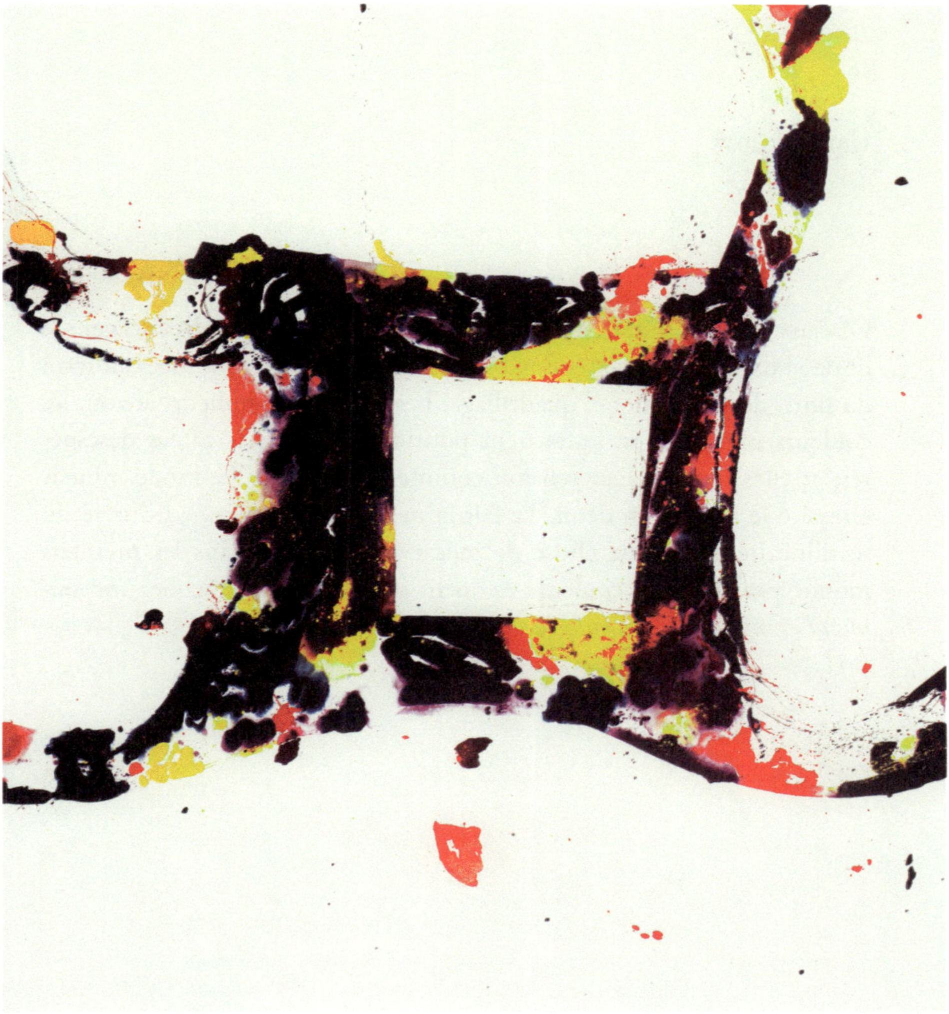

36

Untitled, 1975

Oiseaux envolés, restent de gros barreaux noirs rectilignes. Ils encagent le lit de la dame, ils le mettent au carré. Nœud d'amarres tombées au fond du port, départ manqué, quadrillage. Les algues du bonheur de voir, les couleurs insouciantes, s'attachent pourtant aux grands câbles désespérés, et elles rongent leur tension comme des rouilles. Le mode mineur tempère le majeur en deuil. Et fait la mélodie incertaine. La dureté du rectilinéaire a quelque chose de mécanique comme dans les premiers monotypes. Alors les couleurs viennent travailler la mélancolie. *The diamond of melancholia would be opening you up to many ideas.*

36

Untitled, 1975

With the birds flown, there remain fat black rectilinear bars. They cage in the lady's bed, they square it off. Knot of moorings fallen into the depths of the port, missed departure, squaring up. The algae of the happiness in seeing, insouciant colours, attach themselves, however, to the great despairing cables, and they gnaw their tension like rust. The minor key tempers the major in mourning. And makes the melody uncertain. The hardness of rectilinearity has something mechanical about it, like in the early monotypes. And then the colours come to work on the melancholy. *The diamond of melancholia would be opening you up to many ideas.*

37 18 Free Floating Clouds, 1980

Acrylic on canvas, 127 × 258 inches, Collection the artist

37

18 Free Floating Clouds, 1980

La douce chose blanche, la lucarne ouverte sur l'outre-voir, blanc-seing de la baleine, – le rectangle tout nu lui ménageait accueil, et l'on dirait maintenant qu'il faut y renoncer. Deuil quand même, un peu en deçà de la mélancolie. Cette forme vide qui témoignait pour rien, la voici asservie à faire valoir ce qui la brise et la méconnaît. Coupé en hachoir dans *Blue Arc* (1977) ou *Dark Beams* (1978), récurrent comme une obsession dans la métrique de *Diptych* (1978), aligné et étranglé sur les intersections droites du treillis à six verticales et trois horizontales des *18 Free Floating Clouds*, le signe blanc se réduit à un intervalle, il ponctue la discontinuité des grandeurs, il règle leur égalité. Comme s'il ne servait plus qu'à compter l'espace et le temps. Le rythme cède le pas au mètre, l'âme se retire de l'amant ?

37

18 Free Floating Clouds, 1980

The soft white thing, the skylight open onto what is beyond seeing, whale's blank signature – the purely naked rectangle was making a welcome for him, and now it looks as though it must be given up. Mourning all the same, a little short of melancholy. This empty form that was bearing witness for nothing is now subjugated to the task of valorizing what breaks and misrecognizes it. Chopped up in *Blue Arc* (1977) or *Dark Beams* (1978), recurrent like an obsession in the metrics of *Diptych* (1978), lined up and strangled on the straight intersections of the six vertical and three horizontal bars of the trellis in the *18 Free Floating Clouds,* the blank sign is reduced to an interval, it punctuates the discontinuity of sizes, ruling their equality. As though all it were useful for now were to count space and time. Rhythm gives way to meter, the soul withdraws from the lover?

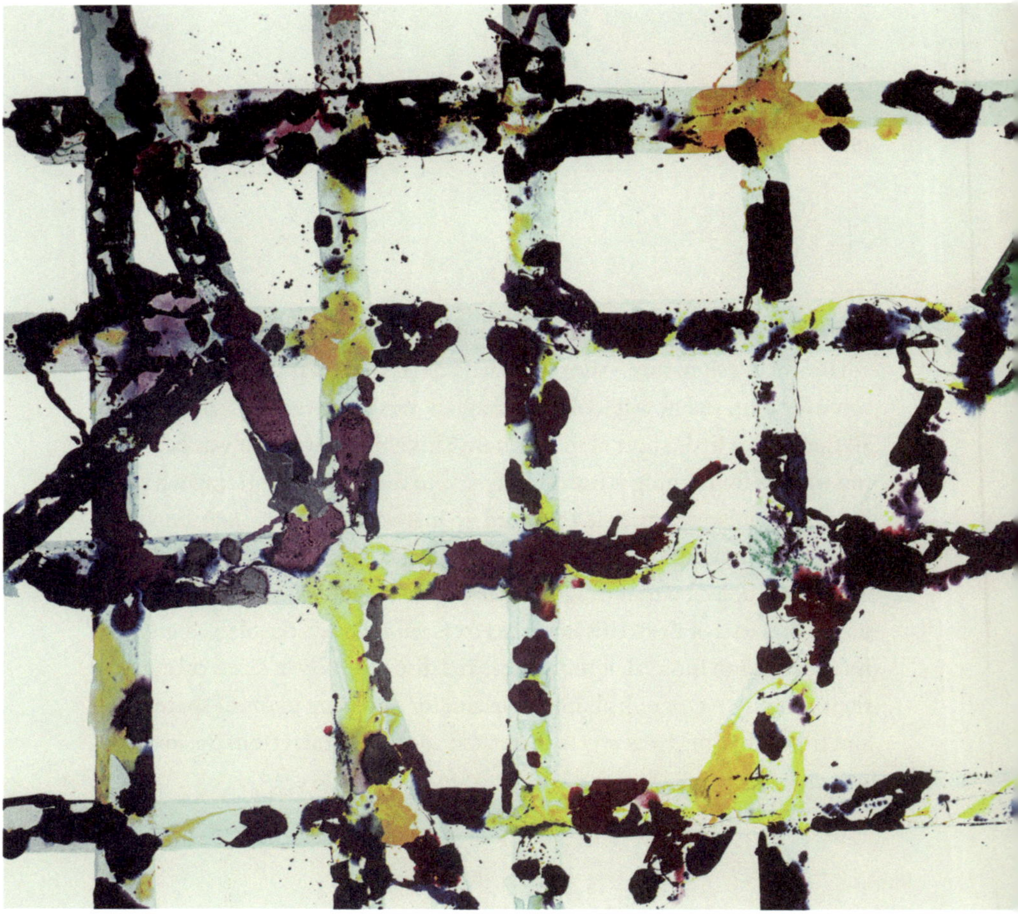

38 Dynamic Symmetry, 1978

Acrylic on canvas, 186 × 444 inches, Collection the artist

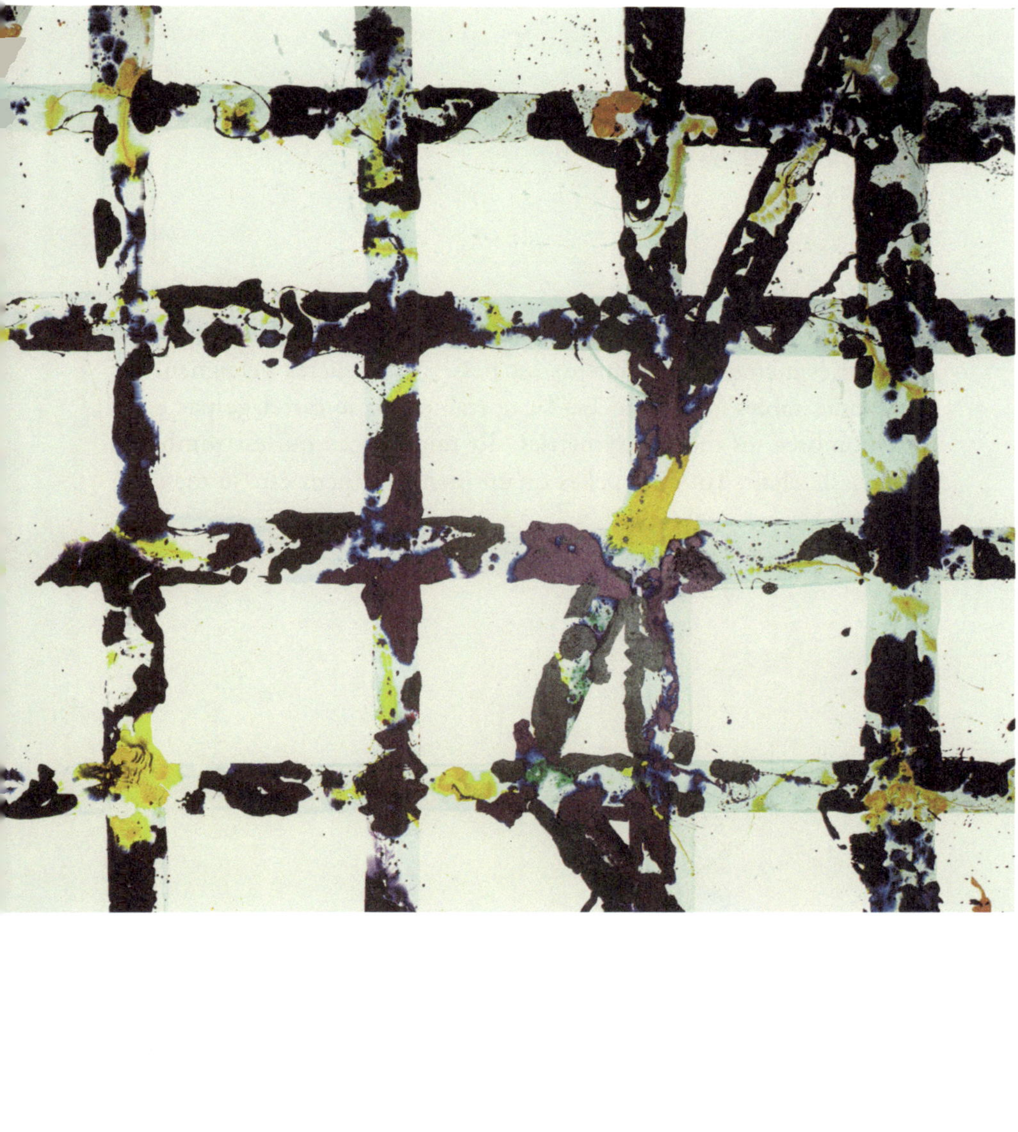

38

Dynamic Symmetry, 1978

La vue se voit barricadée, elle peint sa détresse. Tu viens trop tard, après la fête. L'événement des couleurs est passé, les lumières s'éteignent sur les grandes tables abandonnées. Tu te traînes sur le carrelage par terre, tu dénombres ses mornes symétries. Tu ramasses ce qui est tombé du festin de la chair. Tu te rappelles qu'un mendiant peut être le messager des dieux.

38

Dynamic Symmetry, 1978

Sight finds itself barricaded in, it paints its distress. You come too late, after the party. The event of colours is over, the lights are going out over the great abandoned tables. You drag yourself across the floor-tiles, counting their doleful symmetries. You pick up what has fallen from the banquet of the flesh. You remember that a beggar can be the messenger of the gods.

that Tokyo is a strange place to dream of trees leaning over our pain and anguish
– that his bliss came true and will come true again and again without any of us
– that the Bomb of bliss was born here
– that made bodies awake to themselves
his painting are a block of ice in the future dripping into our present.
He reminds me to remake his world.
His every gesture meant to be meaningless by his painter of the gesture of painting.
He reminds me
that Silence and arrest = ecstacy
that the best way to know a thing is to eat it lick it
that there is an orgy of possible tenderness
that we should want to crowd our lips with their kisses our eyes with their bodies
that we should be tender to these lips theses breasts
that we make love tonight in Tokyo making our own identity nameless
that everything is landscape for the Flower children
and to cover each instant from my future death.

39 From 'Bonnard or Be Kind to yourself Human Being', Tokyo 2-21-68

MINAMI GALLERY
3, 3-CHOME, NIHONBASHI-TORI, CHUO-KU,
TOKYO, JAPAN
TEL. (271) 8616, 1661
CABLE ADDRESS: MINAMIGLY TOKYO

his every gesture meant to be
meaningless by this painter of
the gesture of painting.

He reminds me
that silence and arrest = ecstacy.
that the best way to know a thing
is to eat it lick it.
that there is an orgy of possible
tenderness.
that we should want to crowd our
lips with their kisses our eyes
with their bodies
that we should be tender to these
lips these breasts
that we make love tonight in Tokyo
making our own identity nameless.

39

Il faudrait à cette peinture un texte qui honorerait l'en deçà des phrases. Ferait percevoir le mutisme des mots. Où l'on devinerait le râle que la langue couvre, dit Quignard. Le souffle gris qui soutient ses tons et qu'elle fait oublier. La couleur se peint ici en se plaignant. Même un poème, même le plus nu, serait encore trop apprêté, donnerait trop à entendre. Il ferait croire aux chatoiements du sens. Il faudrait une prose qui s'égale, en sonnant creux, à ces Vanités chromatiques. Le blanc, le noir, le neutre gémit ici si bas dans l'éblouissante parade des pigments que la plainte de ne pas voir s'entend à peine. Il faudrait une prose pleine de mots où l'on discernerait sa déception de ne rien dire, petite exhalaison que laissent passer les lèvres closes. Il faudrait écrire comme il peint : comme on tète. Descendre et passer la langue en dessous des sensations délicieuses. Passer la langue sous la langue des significations. Grogner parce qu'on ne peut pas parler, engoué par tout le lait des sens. *Muttum*, mot.

These paintings would need a text that would honour the shortfall of sentences. That would bring our the mutism of words. In which one would detect the death-rattle that language covers, as Quignard says. The grey breath that sustains its tones and that it makes us forget. Colour is painted here, complaining. Even a poem, even the most naked poem, would still be too prepared, would give too much to be understood. It would make us believe in the shimmer of meaning. We'd need a prose that would, sounding hollow, be the equal of these chromatic Vanities. White, black, neutral groan here so low in the dazzling parade of pigments that the complaint of not being able to see is scarcely heard. We'd need a prose full of words in which one would discern one's disappointment at not being able to say anything, a little exhalation that closed lips let pass. We'd need to write like he paints: like one suckles. Go down and get your tongue under the delicious sensations. Get your tongue under the tongue of meanings. Groan because one cannot speak, infatuated by all the milk of meanings. *Muttum,* word.

40 Looking Through, 1970

Acrylic on canvas, 96 × 120 inches, Private Collection

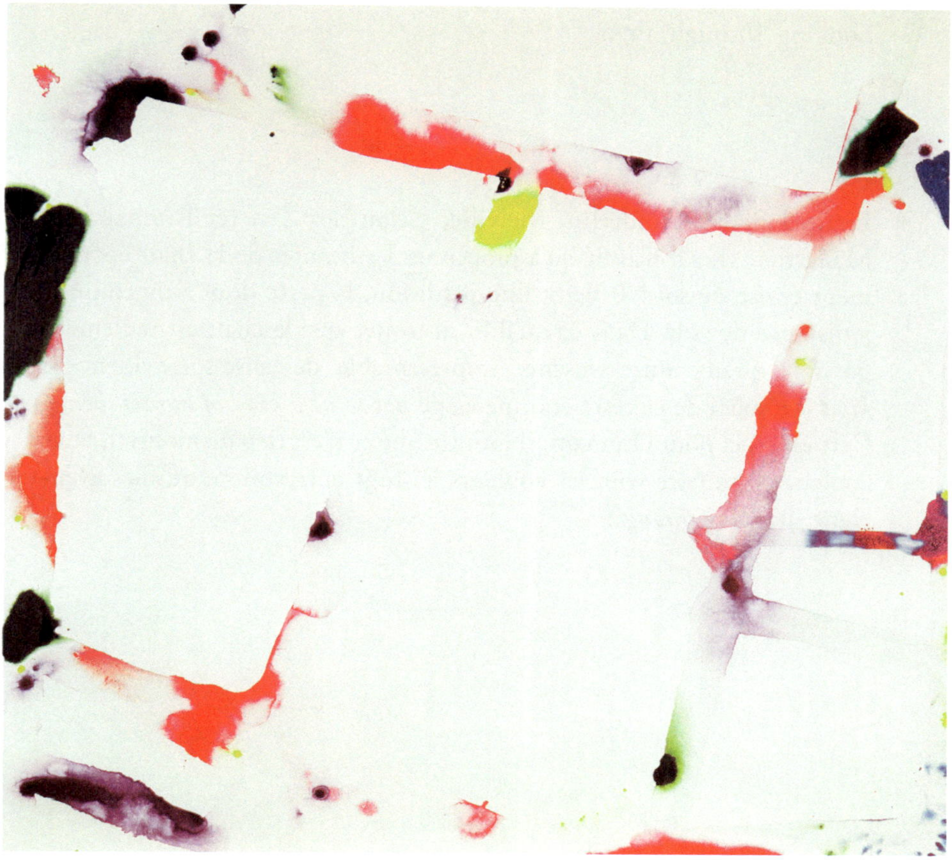

40

Looking Through, 1970

Lirait-il Blake, Hölderlin, Melville, Celan, les Zen (et Rimbaud, et Mallarmé...), s'il n'avait qu'à proclamer les beautés de la chair éperdument éprise de soi ? Il peint une perdition, la perte dont s'engendre la jouissance de voir. Dans ce qu'il lit, il trouve que la chair est seulement possible, qu'une autre présence, imprésentable, déréalise son évidence si *kind*. Le souci de ce reste énorme exige *not to be a kind of human being*. L'art est cruel pour l'humain. Il montre que ce n'est rien de montrer. Sous couleur de se faire voir, les couleurs ici font entrevoir ce qu'elles aveuglent. *Working through*.

40

Looking Through, 1970

Would he read Blake, Hölderlin, Melville, Celan, Zen (and Rimbaud, and Mallarmé ...), if all he was about was proclaiming the beauties of the flesh madly in love with itself? He paints a perdition, the loss from which is engendered the bliss of seeing. In what he reads, he finds that the flesh is merely possible, that another presence, an unpresentable one, derealizes its oh-so-kind self-evidence. The concern of this enormous remainder demands *not to be a kind of human being.* Art is cruel for the human. It shows that showing is nothing. Flying the colours of making themselves seen, here colours let glimpse what they blind. *Working through.*

41 Joyous Lake, 1977

Acrylic on canvas, 192 × 145 inches, Collection the artist

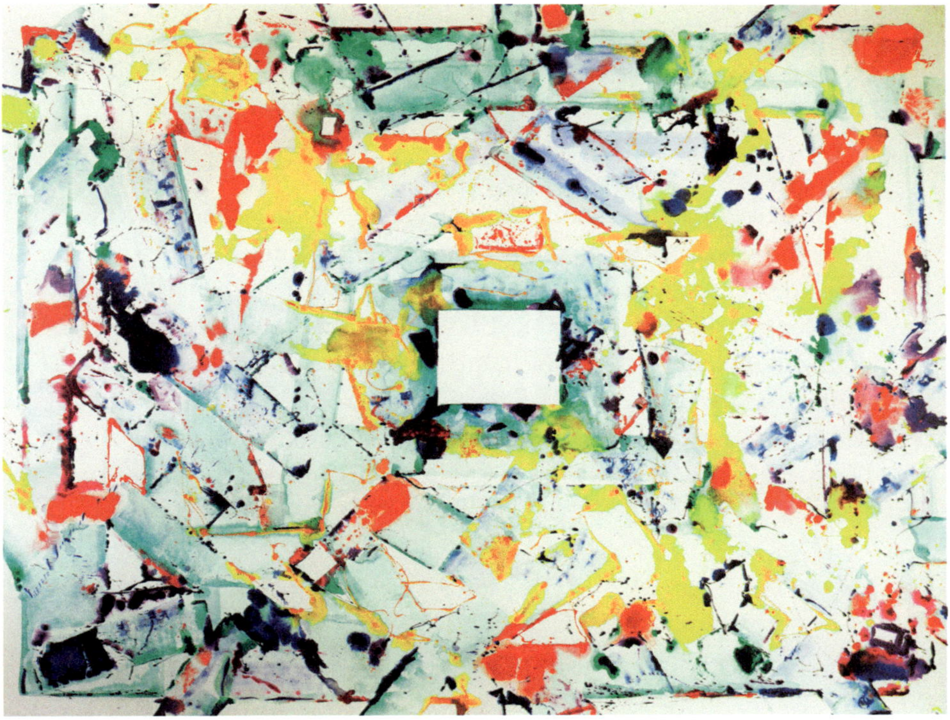

41

Joyous Lake, 1977

Entre le regard des humains et la couleur, il y a une très ancienne affaire. Ils se sont séduits, ils s'aiment, ils ont vieilli ensemble, accoutumés. Ils s'attendent, chacun n'est chez lui que quand l'autre arrive, ils lisent dans leur cœur et boivent ensemble à la gloire du monde. La peinture leur donne tout plein à boire. Si plein qu'ils perdent connaissance, oublient la confiance partagée. Le regard est excédé. Le voilà victime d'une puissance de voir qu'il ne se connaissait pas et la couleur s'extasie. Un enfant naît de l'ivresse et de la ruse, l'invu et l'insu du savoir-regarder.

41

Joyous Lake, 1977

Between the gaze of humans and colour, there's a very old affair going on. They seduced each other, they love each other, they have grown old together, used to each other. They wait for each other. Each is only at home when the other arrives, they can read the secrets of each other's hearts and drink together to the glory of the world. Painting gives them a whole lot to drink. So much that they lose consciousness, forget shared confidence. The gaze is exceeded. Here it is now, victim of a power of seeing it did not know it had, and colour is ecstatic. A child is born of drunkenness and ruse, the unseen and unknown of knowing how to look.

42 Untitled, 1990

Acrylic on canvas, 84 × 48 inches, Gallery Delaive, Amsterdam

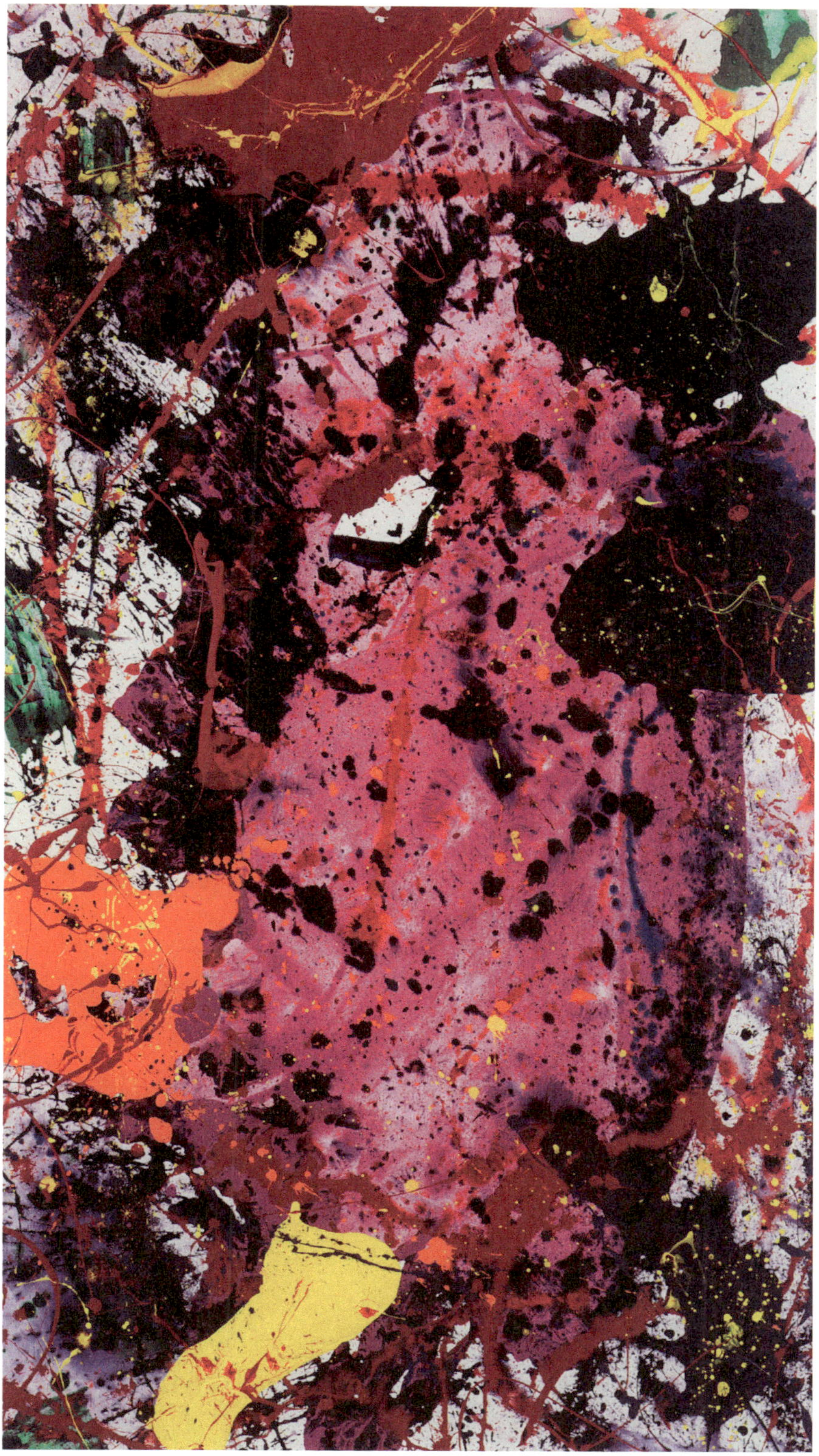

42

Untitled, 1990

L'inconscient est bien bon d'alerter la conscience par des signes. Dans le moindre bout de rêverie, l'autre vision se met à peindre. Intraduisible, le rêve jette dans l'âme un soupçon sur sa santé. Elle n'est pas en possession de soi, un fantôme la hante. Elle apprend ainsi que l'autre, le passager clandestin dont elle ignore la langue et les manières, sait dire et montrer ce qu'elle-même ne sait pas. L'étranger met en scène à domicile des tableaux dont elle n'est pas idée. Il y a dans sa demeure une autorité de faire voir qu'elle n'a pas déléguée. C'est un pouvoir alternatif au sien puisqu'il attend qu'elle perde connaissance pour mettre en œuvre ses tableaux. Ainsi, la pensée de peindre : sa présence toujours absente hante la vie du brave regard, et elle ne s'éveille que s'il s'assoupit. Elle inquiète le visible tout entier en lui faisant souffrir l'intrusion d'idiomes visuels inconnus. On peint pour honorer l'ange fugace.

42

Untitled, 1990

The unconscious is very kind to alert the conscious by means of signs. In the least bit of daydreaming, the other vision begins to paint. Untranslatable, the dream throws into the soul a suspicion as to its health. It is not in possession of itself, a ghost is haunting it. It learns in this way that the other, the clandestine passenger whose language and manners it does not know, knows how to say and show what it can't. The stranger puts on, at home, pictures the soul has no idea about. There is in its dwelling an authority for showing that it has not delegated. It is a power alternative to its own since it waits for it to lose consciousness before putting its pictures to work. Thus, the thought of painting: its always absent presence haunts the life of the worthy gaze, and it wakes up only if the gaze dozes off. It worries the whole of the visible by making it suffer the intrusion of unknown visual idioms. One paints in order to honour the fleeting angel.

43 Easter, 1977

Acrylic on canvas, 183 × 147 inches, Collection the artist

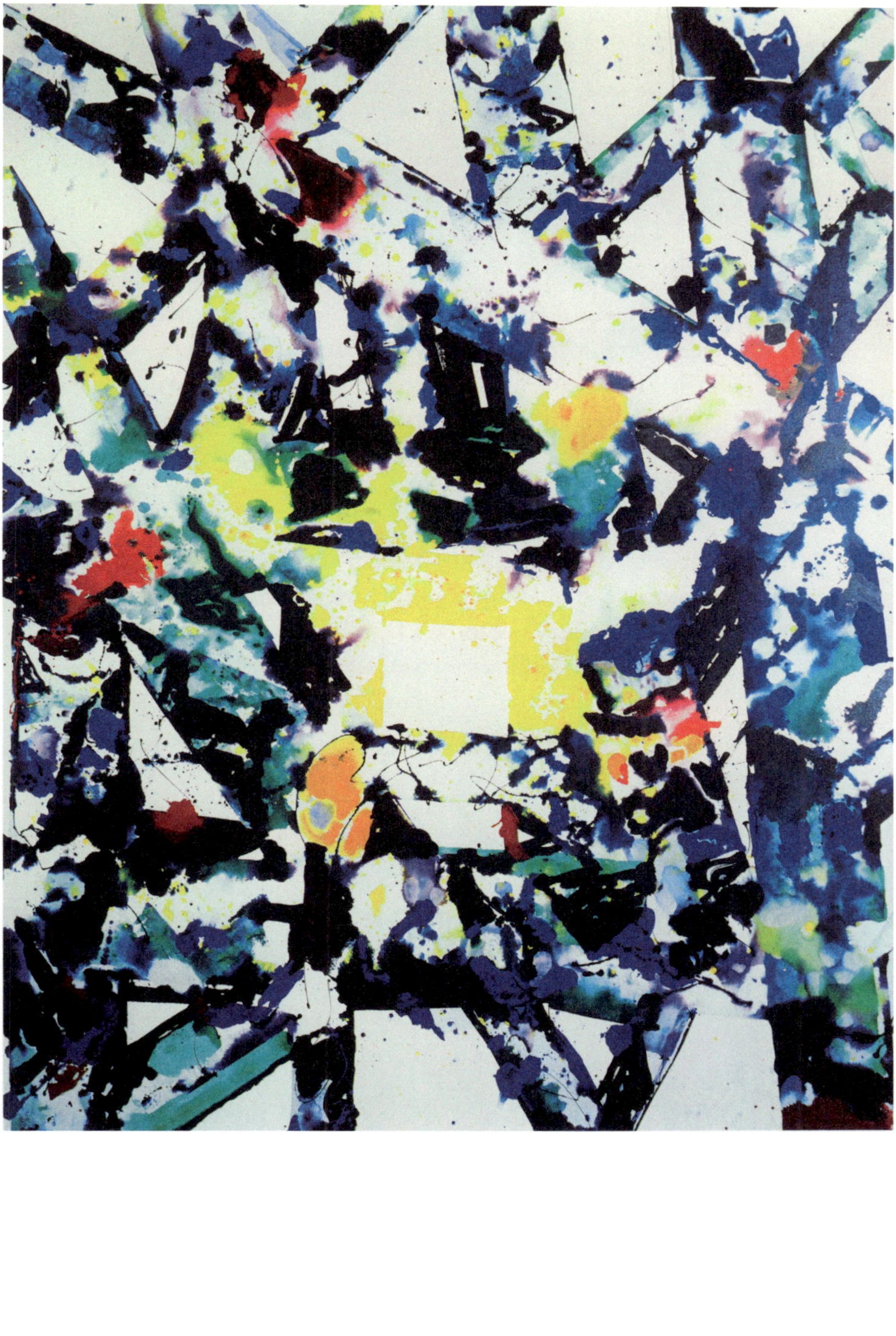

43

Easter, 1977

L'hommage fait au visuel est un combat truqué. Le peintre déserte le parti de l'évidence. Il trahit le monde des couleurs qu'on regarde, il passe à l'ennemi caché. Il essaie d'entendre comment l'étranger fait voir ce qu'on regarde, il passe à l'ennemi caché. Il essaie d'entendre comment l'étranger fait voir ce qu'on n'avait pas vu. La peinture s'exile de la peinture, fuit la mémoire de tout ce qui a été peint. Bien plus, elle s'efforce d'arracher à l'ange les secrets du visuel et de les divulguer en œuvres visibles. Pugilat incertain, chacun change de camp, méticuleux coït, amour malheureux où qui perd gagne. S'étend soumis à l'épreuve de l'intrus, Jacob reste boiteux, au matin. La peinture s'expose à la nuit de la divine castration, elle en sort aveuglée, entre visible et invisible. Samuel est « nom de Dieu », Shemu'el. Et Francis est nom d'homme, généreux et probe. Leçon de Ténèbres, Pâques joyeuses, lac du pardon.

43

Easter, 1977

The homage paid to the visual is a fixed fight. The painter deserts the party of self-evidence. He betrays the world of colours one looks at, he goes over to the hidden enemy. He attempts to understand how the stranger makes seen what had not been seen. Painting exiles itself from painting, flees from the memory of everything that has been painted. Even more, it tries to drag from the angel the secrets of the visual and divulge them in visible works. Uncertain boxing match, each one changes sides, meticulous coition, unhappy love affair where whoever loses wins. Having submitted to the trial of the intruder, Jacob remains lame, in the morning. Painting exposes itself to the night of divine castration, it comes out of it blinded, between visible and invisible. Samuel is "name of God", Shemu'el. And Francis is the name of a man, generous and full of probity. Lesson of Darkness, joyous Easter, lake of pardon.

Références des citations de Sam Francis (en cursives dans le texte) :

Titre (en exergue) : Yves Michaud, *Entretiens avec Sam Francis réalisés les 14, 15 16 et 17 mai 1988 à Santa Monica, Californie* [bilingue], Paris : Galerie Jean Fournier, 1988, 59 [: *Michaud*].

1. *Saturated Blue,* 1953 :
   Sam Francis, « Bonnard or Be Kind to Yourself Human Being », Tokyo : *Bijutsu Techo,* avril 1968 [: *Bonnard*].

2. *White Painting,* 1950
   a : Jan Butterfield, « Sam Francis : Time Has an Infinite Number of Faces », *Sam Francis,* Monotypes Exhibition Catalogue, Los Angeles : Los Angeles County Museum of Art, 1980, 14 [: *Butterfield*].
   b : *Bonnard.*

4. *Blue Center,* 1953
   a : James J. Sweeney, *Sam Francis,* Exhibition Catalogue, Houston : Museum of Fine Arts, et Berkeley : University Art Museum, 1967, 14.
   b : Peter Selz, *Sam Francis,* revised edition with essays on his prints by Susan Einstein and Jan Butterfield, New York : Harry N. Abrams, Inc., 1982, 34 [: *Selz*].

10. *Untitled,* 1953 : *Bonnard.*

11. *Deep Black,* 1954 : *Bonnard.*

15. *Untitled,* 1958-60 : *Bonnard.*

18. *Bright and Fast,* 1981
    a : *Selz,* 277.
    b : *Butterfield,* 14.

19. *Coral Branch,* 1971 : « A Panel Discussion with Makoto Ooka, Yoshiaki Tono and Mamoru Yonekura », *The World of Sam Francis,* Exhibition Catalogue, Tokyo : Yayoi Gallery, 1987, n. p. (10).

20. *Mother Blue,* 1974 : *Michaud,* 59.

22. *Untitled,* 1988
    a : *Michaud,* 59.
    b : *Butterfield,* 12.
    c : *Michaud,* 52.

23. *2 Sulfurs,* 1979
    a : *Butterfield,* 6.
    b : *Butterfield,* 7.
    c : *Butterfield,* 6.

25. *Question to Heaven,* 1974 :
    a : *Michaud,* 55.
    b : *Michaud,* 55.
    c : *Butterfield,* 10.

30. *The Whiteness of the Whale,* 1957 :
    a : *Bonnard.*
    b : *Michaud,* 56.

36. *Untitled,* 1975 : *Michaud,* 54.

40. *Looking Through,* 1970: *Bonnard.*

The following are citations that occur in the title, and in the essays. In the essays, citations are italicized.

Title (motto): Yves Michaud, *Entretiens avec Sam Francis réalisés les 14, 15 16 et 17 mai 1988 à Santa Monica, Californie* [bilingual], Paris: Galerie Jean Fournier, 1988, 59 [: *Michaud*].

1. *Saturated Blue*, 1953:
Sam Francis, "Bonnard or Be Kind to Yourself Human Being", Tokyo: *Bijutsu Techo*, April 1968 [: *Bonnard*].

2. *White Painting*, 1950
a: Jan Butterfield, "Sam Francis: Time Has an Infinite Number of Faces", *Sam Francis*, Monowtypes Exhibition Catalogue, Los Angeles : Los Angeles County Museum of Art, 1980, 14 [: *Butterfield*].
b: *Bonnard.*

4. *Blue Center*, 1953
a: James J. Sweeney, *Sam Francis*, Exhibition Catalogue, Houston: Museum of Fine Arts, and Berkeley: University Art Museum, 1967, 14.
b: Peter Selz, *Sam Francis*, revised edition with essays on his prints by Susan Einstein and Jan Butterfield, New York: Harry N. Abrams, Inc., 1982, 34 [: *Selz*].

10. *Untitled*, 1953: *Bonnard.*

11. *Deep Black*, 1954: *Bonnard.*

15. *Untitled*, 1958-60: *Bonnard.*

18. *Bright and Fast*, 1981
a: *Selz*, 277.
b: *Butterfield*, 14.

19. *Coral Branch*, 1971 : "A Panel Discussion with Makoto Ooka, Yoshiaki Tono and Mamoru Yonekura", *The World of Sam Francis*, Exhibition Catalogue, Tokyo: Yayoi Gallery, 1987, n. p. (10).

20. *Mother Blue*, 1974: *Michaud*, 59.

22. *Untitled*, 1988
a: *Michaud*, 59.
b: *Butterfield*, 12.
c: *Michaud*, 52.

23. *2 Sulfurs*, 1979
a: *Butterfield*, 6.
b: *Butterfield*, 7.
c: *Butterfield*, 6.

25. *Question to Heaven*, 1974
a: *Michaud*, 55.
b: *Michaud*, 55.
c: *Butterfield*, 10.

30. *The Whiteness of the Whale*, 1957
a: *Bonnard.*
b: *Michaud*, 56.

36. *Untitled*, 1975: *Michaud*, 54.

40. *Looking Through*, 1970: *Bonnard.*

Postface
La traduction au noir
Geoffrey Bennington

Au grand amusement de Jean-François Lyotard, pourtant un peu horrifié, j'ai traduit son premier texte sur Sam Francis[1] totalement à l'aveugle, dans le noir. Les fragments, comme d'habitude rédigés à la main, étaient arrivés par la poste, accompagnés d'une lettre (datée du 21 juin 1990) écrite à l'en-tête de l'Université d'Aarhus au Danemark, où il avait passé trois semaines en visite. Il avait, écrit-il, « très avancé l'écriture des *Leçons sur l'Analytique du sublime* » grâce à « la réserve propre aux Danois [qui] m'a permis de travailler 10 à 12 heures par jour ». De courts fragments, parfois difficiles à déchiffrer, toujours et partout difficiles à traduire, portant obscurément sur l'obscurité, le tâtonnement et l'impossibilité de voir, sans référence explicite à aucun tableau précis, une prose à l'allure décidément beckettienne.

*

Par exemple : « Issue ? des couleurs en train de s'annuler. Rien à voir fatigue de voir. Se traîner dans son noir qui bave. Fatigue de décrire. Je n'y crois pas à ses couleurs. N'importe quoi peut faire couleur. [...] Même l'apparition est encore affaire de vue, de charme. Ombre, sombre, mots trop doux pour ce qu'elle doit faire. Par eux elle fait encore quelque chose de toi. Elle doit ne rien te faire, ne faire rien de toi. Sauf te déloger. Déloger l'œil, donc les mots, et toute cette saloperie. [...] Il n'y a pas de place. Voilà ce qu'il faut peindre. Ce n'est pas l'autre du visible l'invisible. C'est la chose. Pour ça aveugler, changer de sens. Pas pour qu'elle soit là, pour qu'elle soit. »

*

Au moment de traduire *Leçon de Ténèbres*, donc, je savais mieux à quel point j'allais me retrouver dans le noir.

*

---

1 « La peinture à même : Esquisse d'hommage à Sam Francis », [traduction Geoffrey Bennington, « Painting Right On It »], *Blank Page,* n° 4, 1990, édition limitée et non paginée. Ce texte sera publié dans le Volume IV de notre série (2011).

Évidemment intraduisible. Comme toujours.

*

« Intraduisible », écrit-il, dans une phrase en fait parmi les plus traduisibles ici : « Intraduisible, le rêve jette dans l'âme un soupçon sur sa santé. Elle n'est pas en possession de soi, un fantôme la hante. » La traduction a toujours affaire avec ce soupçon, toujours en train de traduire l'intraduisible. Toujours soupçonneux, dans le doute quant à sa santé.

*

La traduction ici ne commence pourtant pas avec ma version. Lyotard est déjà en train de traduire, déjà en traduction. Chaque fragment ici est aussi une traduction hardie et aveugle de la peinture ou d'une peinture. Et, comme moi traduisant dans le noir, il travaille à l'aveugle, s'efforce de rendre une altérité. « La leçon de ténèbres s'épelle lettre après lettre. » Mais la leçon épelée par les lettres n'est pas en fait faite de lettres, mais de peinture. D'une peinture peinte contre la peinture.

*

Traduction, s'il vous plaît.

*

C'est déjà tout un problème de traduire même les termes de base ici : *peinture,* c'est « painting », facile, mais c'est aussi « paint », la substance dont la peinture est faite. Et la *couleur* (*color*, évidemment), c'est aussi « paint », la chose dont on enduit le support. *Ténèbres,* c'est « shadows », mais en général l'obscurité, comme aussi *le noir*. La traduction est toujours *une ténébreuse affaire*, avec ses propres noirs secrets.

*

Traduire dans le noir les noires traductions en leçon de ténèbres que fait Lyotard des tableaux noirs et lumineux de Sam Francis. Toutes les couleurs trahissent un noir plus profond : et plus lumineuse la couleur, plus noir le noir. Par exemple, le tout début de *Leçon de ténèbres*, qui résume la façon dont Lyotard comprend ce que Sam Francis a vu : la substance même de la lumière est noire, la luminosité elle-même recèle un cœur noir. Quelque chose d'invisible au cœur du visible : faire voir les invisibles[2], présenter qu'il y a de l'imprésentable : la tâche de la peinture, de la pensée elle-même selon Lyotard, d'un bout à l'autre de l'œuvre. Toujours traduction de ténèbres, à partir du noir, vers le noir, dans le noir.

*

---

2 *Cf.* « Faire voir les invisibles, ou : contre le réalisme » [sur Daniel Buren], dans *Les Couleurs : Sculptures / Les Formes : Peintures*, Paris/Halifax, coll. Musée national d'Art moderne, Centre Georges Pompidou/Presse du Nova Scotia College, 1981. Texte repris dans *Que peindre ?*, Volume v de notre série (2011).

Il y a ici une interrogation constante du rapport entre la peinture et l'écriture en général, et aussi entre une peinture donnée et le commentaire qu'elle provoque. Le commentaire n'est pas simplement un effort pour traduire la peinture ou une peinture, mais aussi pour se traduire en train de traduire, pour saisir son propre événement en train d'arriver. La peinture et l'écriture en question, ainsi que leur rapport, ne sont pas toujours les mêmes, bien que la peinture en général soit parfois comme l'écriture en général – ou du moins elles peuvent avoir un rapport d'analogie. « Le geste de peindre défère à l'autorité, à la confiance absolue, presque étourdie, que les couleurs ont en elles-mêmes. Pareillement, la fidélité des mots à la puissance immémoriale qui est en eux et à ses initiatives incessantes est ce qui fait rêver d'écrire. Cela n'empêche pas, cela explique que dans le geste de peindre il y a une impossibilité et l'interdiction de croire aux couleurs comme il y a un dégoût de s'en remettre aux mots dans le geste d'écrire. » Ou, dans le fragment suivant : « Il faut les couleurs, et répétées, multiples, pour se plaindre de leur vanité, comme à Jérémie beaucoup de mots pour dire qu'ils n'ont rien à dire. »

*

Dire (le) rien n'est pas la même chose que ne rien dire. Voir *Le Roi Lear,* ou bien Beckett encore.

*

La peinture, la couleur, dit-il, nous rappellent le rien même, le noir, qu'elles nous font aussi oublier. Il y a là une économie qui peut paraître simple en général mais qui ne l'est jamais en particulier : le *Sam Francis* de Lyotard peut s'efforcer de nous rappeler ce que la couleur nous fait oublier à travers tout le spectre des couleurs, du noir au blanc, en passant par toutes les nuances intermédiaires. D'où un rapport au sublime que Lyotard travaillait très explicitement au moment du premier texte sur Sam Francis, en 1990, comme il me l'écrit dans sa lettre du Danemark : Malevich hante tout ici avec blanc sur blanc et noir sur noir. (Du début de son écriture sur l'art, à partir de René Guiffrey[3], Lyotard fut toujours fasciné par toutes les possibilités de blanc sur blanc, de nuances minuscules venues affecter le blanc.) Plus grande est la luxuriance de la couleur (de la chair de la couleur, dit Lyotard le phénoménologue et aussi peut-être l'ex-catholique, l'ex-futur prêtre[4] qui termine ces fragments sur Pâques et pardon) – plus grande est la luxuriance de la couleur, plus grand sera le rappel du noir ou blanc oublié, le *blank* d'Arakawa qu'il nous

3 Jean-François Lyotard, « En attendant Guiffrey » [1973], dans *Des dispositifs pulsionnels,* Paris, Galilée, nouvelle édition 1994, 187-196, où Beckett est aussi partie prenante de l'histoire. Ce texte sera republié dans le Volume IV de cette série (2011).

4 Voir la confidence de Lyotard au début de *Pérégrinations,* Paris, Galilée, 1990.

rappelle ici, le rien qui ne peut qu'être oublié et qui donc ne peut qu'être rappelé ou remarqué par quelque chose qui n'est pas tout à fait rien. « Il peint une perdition, la perte dont s'engendre la jouissance de voir. »

*

D'où toutes les confusions possibles : la référence à Bonnard trop vite lue par les critiques comme un hommage simple à la pulpe et à la chair, la magnificence du visuel et du visible, alors que pour Lyotard tout cela témoigne du noir.

*

Même chose pour l'écriture sur l'art, qui a aussi son spectre. Lisez l'œuvre entier de Lyotard ; admirez-y la gamme qui va du résolument philosophique, assumé comme tel, jusqu'à tout ce que dicte la « misère de la philosophie ». Il est souvent content de se désigner comme « le philosophe », qui parfois dans ses écrits sur l'art dit à l'artiste (comme dans la transcription inédite de discussions qu'il avait eues avec un René Guiffrey souvent irascible, qu'il m'avait donnée à lire un jour) : vous – peignez ; moi – je parlerai. C'est vous qui le faites, c'est moi qui explique. Relisez tout son corpus depuis cet extrême philosophique jusqu'au langage au-delà ou en deçà de la poésie que nous avons ici.

*

Lors d'un colloque consacré à son travail, à Warwick (GB) en 1987, répondant à une communication qui avait comparé avantageusement certaines parties de *Discours, figure* au « Freud et la scène de l'écriture » de Derrida, Lyotard a choqué la salle en disant fermement « Derrida est allé beaucoup plus loin beaucoup plus vite que moi. » Et d'ajouter que dans ce « plus vite » il soupçonnait Derrida de s'intéresser moins que lui, Lyotard, au geste de se mettre devant un tableau pour se demander ce qui s'y passait. (Plus tard Derrida, à qui je racontais cet incident, se dit tout de suite d'accord là-dessus.) Et pourtant, mises à part la différence de vitesse et la différence quant aux lieux où ils choisissent de séjourner et de prendre leur temps, regardez les convergences : autour du motif de l'aveuglement, leur façon complexe mais comparable de penser le deuil et la mélancolie[5], leur sens commun et aigu d'une présence toujours doublée, hantée et creusée, la proximité du possible et de l'impossible.

*

5 Voir notamment l'article intitulé, par bonheur pour nous, « Notes du traducteur », réponse de Lyotard à la contribution de Jacques Derrida parue dans *Épreuves d'écriture*, catalogue de l'exposition *Les Immatériaux* [1985]. Ce texte ainsi que des fragments originaux de celui de Derrida ont été republiés récemment dans *Cahiers philosophiques*, n° 117 en 2009. Derrida poursuivit l'échange dans l'hommage donné après la mort de Lyotard, reprenant en particulier la phrase commentée par ce dernier : « Il n'y aura pas de deuil » [*Cf.* Jacques Derrida, « Lyotard et *nous* », dans *Chaque fois unique, la fin du monde*, Paris, Galilée, 2003, 259-289].

Pourrait-on aborder *toutes* ces questions selon l'économie du deuil et de la mélancolie ? (Un souvenir de Lyotard en séminaire à Paris, vers 1980, avec son habituel sourire malicieux : « C'est simple : le deuil, c'est "L'autre m'a quitté. Vive moi !" ; la mélancolie, c'est "L'autre m'a quitté. Je suis un pauvre type". ») C'est toujours une question de traduction. Ici, dans l'un des premiers fragments, il semblerait qu'à la différence d'un Duchamp qui croit que la couleur s'est retirée en son nom[6], que la peinture est finie, et qui aurait donc *surmonté* (le rien, les ténèbres, la nécessité de se rappeler la nullité à travers l'excès), qui a fait son deuil et s'apprête à faire autre chose, Sam Francis pour sa part soutient qu'il faut maintenir ou perpétuer le deuil : « Le deuil doit être perpétué. Il faut les couleurs, et répétées, multiples, pour se plaindre de leur vanité, comme à Jérémie beaucoup de mots pour dire qu'ils n'ont rien à dire. » Mais qu'est-ce un deuil perpétué sinon la mélancolie ? Il y a aura du deuil, il y aura toujours du deuil, et donc le deuil ne sera jamais fait, le travail jamais terminé, il n'y aura donc pas de deuil. La mélancolie persiste et laisse le narcissisme ouvert, vulnérable, exposé à l'autre absent et son travail de rien : elle fait de nous tous des singes sur le Nil, comme il le dit ici, qui lamentent la venue de la nuit mais qui exaltent l'aurore, en mémoire et répétition excitées de cette lamentation toujours encore à revenir. « Peindre est un matin promis par le soir. » (Chance de la traduction, le travail du *mourning in the morning*, le matin qui pleure la nuit, sa vérité noire qui revient.) Le deuil, c'est du travail, et du travail en vue de son propre dépassement en but, résultat, produit : chaque tableau étant ici ce produit, mais comme immergé et incomplété par la mare mélancolique qui fait de chaque œuvre, de chaque jour, rien de plus que la marque de la possibilité de *tout* refaire autrement. « "Tout" veut dire : beaucoup de pas hasardés en zone interdite. Il faudra beaucoup recommencer, tout recommencer à chaque fois, essayer et essayer. » (Encore une fois comme le dernier Beckett : « Essayer encore. Rater encore. Rater mieux » [*Cap au pire*].) Lyotard aima toujours le travail de répétition sérielle et combinatoire dans l'art (Bach, Ayme, Guiffrey, Buren, Francken), chaque pièce est un petit deuil dont la répétition dit la mélancolie sans jamais tout à fait y sombrer (ici : « Deuil quand même, un peu en deçà de la mélancolie »). « Le monotype fixe les quelques menus articles échus d'un coup de dés. Combien d'autres combinaisons étaient possibles, restent en souffrance ! » Ou encore, « Il s'agit toujours de ne pas succomber à la tentation du visible et d'honorer en lui

6 *Cf. Les Transformateurs Duchamp*, Paris, Galilée, 1977, 110-111. Ce texte sera republié comme le Volume III de cette série (2010).

l'obscur pouvoir qui le rend possible, mais plusieurs voies sont ouvertes, plusieurs sortes d'offrandes peuvent être risquées. » L'expérimentation et l'invention chez Lyotard sont toujours aussi répétition de l'échec nécessaire, affirmation affirmée comme recélant toujours le secret noir de son impossibilité, ce qui fait que dès le départ il bat en retraite par rapport au postmoderne qu'on croyait qu'il prônait ou célébrait. Le deuil fait toujours le deuil de sa propre incapacité de faire mieux que ces petits à-coups dans la mélancolie ambiante, ces « foirades » comme aurait peut-être dit Beckett, « l'allumette qui foire » dans le premier texte sur Sam Francis. Ou bien, plus généralement, d'une généralité absolue, à la fin mystérieuse de la « Notice Aristote » dans *Le Différend*, anticipant déjà sur ce qu'il appellera plus tard « le différend même » : « D'un autre silence. [...] Il n'y aurait plus de présentation. – Mais vous écrivez : "Qu'il n'y ait pas de phrase est impossible" ! – C'est cela : le sentiment que l'impossible est possible. Que la nécessité est contingente. Qu'il faut enchaîner, mais qu'il n'y aurait pas de quoi enchaîner. Le "et" sans prise. Donc, non seulement la contingence du comment de l'enchaînement, mais le vertige de la dernière phrase. Absurde, évidemment. Mais l'éclair a lieu, – il éclaire, éclate dans le néant de la nuit, de la nuée, du ciel bleu »[7]. Deuils répétés un peu en-deçà de la mélancolie : demi-deuil, dirait l'autre.

*

C'est exactement ce qu'il veut dire par « perlaboration ». *Durcharbeiten* sans fin, qui laisse des petits monuments de son processus, ici sous forme de tableaux d'une part, de petits haillons, des loques de prose de l'autre. « Témoigner », comme il dit si souvent, mais témoigner de rien qu'on puisse préciser outre l'attestation elle-même en son événement, son *quid* avant son *quod*. La présentation est elle-même l'imprésentable, dit *Le Différend*, l'événement lui-même qui surgit à partir de rien, éclair dans la nuit.

*

Ces spectres de possibilité, ces rythmes d'échec inventif font de nous tous des singes, ou bien des oiseaux. Les singes et les oiseaux, tous deux des bêtes philosophiques, l'aident à expliquer ce qui se passe en peinture et en l'écriture sur la peinture. Le bruit des animaux donne une idée de comment on peut essayer d'écrire en réponse à la leçon noire et silencieuse de la peinture, un indice pour guider la traduction du noir dans le noir. Pas de poème, s'il vous plaît, ce serait trop éloquent, parlerait trop fort, déjà dans le premier texte, repris et développé ici (« Même un

7 Jean-François Lyotard, *Le Différend*, Paris, Minuit, 1983, 116.

poème, même le plus nu, serait encore trop apprêté, donnerait trop à entendre. Il ferait croire aux chatoiements du sens. »), ne savourez pas trop la richesse des mots, pas de profusion de sens ni de plénitude sémantique, mais quelque chose de plus minime et de plus modeste, peut-être, toujours au bord du sens dont il y a toujours trop, trop vite. « Toujours le geste livre un désert. » Minimal et modeste, mais aussi peut-être dur, vociférant, avec un peu du râle ici repris de Quignard. Il y a ici plus qu'un souvenir, un rappel allusif mais explicite de ce qu'il a fait dans le sillage du *Différend,* allant au-delà du jeu des jeux de langage pour dépister *le différend même,* comme il avait d'abord intitulé un petit texte ensuite appelé « La phrase-affect » mais à l'origine, comme le dit Lyotard dans un entretien donné au Danemark ce même 21 juin 1990 (le jour même, tenez, de la lettre qu'il m'avait écrite sur l'en-tête d'Aarhus pour accompagner son premier texte sur Sam Francis), avec allusion humoristique à Duchamp, même[8]. Les animaux donnent le premier indice, avec leur *phonè* (qui n'est pas encore liée comme *logos*) qui signale l'*aisthesis* et l'affect, proche du silence qu'apporte toujours un différend, mais le disant, ce silence, sans le perdre en lui donnant du sens, respectant ainsi son altérité, son animalité ou son enfance, sans prétendre trop vite exprimer ce différend comme simple litige ou ce tort comme simple dommage.

*

Il dit à peu près ceci : la *phonè* se voit tendanciellement bannie par le *logos,* comme simple cri de plaisir et/ou de peine qui n'a qu'à être jeté par ce qui sera l'emploi proprement humain et adulte de la parole délibérative qui se pratique en vue de discerner l'utile et le nuisible, et partant le juste et l'injuste, dans l'espace de la *polis.* La pratique même d'une telle parole, même au nom de la justice, ne peut pas ne pas donner lieu au différend comme signe du refoulement de la *phonè* qu'elle recèle encore. La *phonè* n'est pas éloquente, mais presque silencieuse, quasiment *muette.* Dans le texte sur le différend même, il y a un développement hardi, presque en bravoure, de ce motif : « [cette communication sentimentale] on peut la dire *muette* si l'on se souvient que la racine *mu* connote les lèvres fermées pour signaler qu'on se tait ou pour émettre un son *sourd.* De cette racine procèdent *murmurer, mugir, mystère* et le bas latin *muttum* qui a donné en français le *mot.* La communication mutique est faite d'inspirations et d'expirations d'air non discrètes :

---

8 Voir l'interview avec Niels Brügger, « Examen oral : entretien avec Jean-François Lyotard », dans Brügger, Frandsen et Pirotte (éd.), *Lyotard, les déplacements philosophiques,* Brussels, De Boeck, 1993, 137-153 (notamment la page 141).

grognements, halètements, soupirs »[9]. Ici : « Passer la langue sous la langue des significations. Grogner parce qu'on ne peut pas parler, engoué par tout le lait des sens. *Muttum*, mot. » C'est toujours dans la bouche, qui ici se rapporte non plus au parler ni même au crier, certainement pas au voir, mais au sucer, lécher, laper. La tétée. La tête en bas, les yeux fermés, tâtonnant. Dans le premier texte, « Être plat et aveugle et assoiffé et tête bêche. » Ici : « oblige l'œil à se faire bouche pour s'aboucher à cela ». Et cela va aussi pour l'écriture : « Il faudrait une prose pleine de mots où l'on discernerait sa déception de ne rien dire, petite exhalaison que laissent passer les lèvres closes. Il faudrait écrire comme il peint : comme on tète. »

*

La leçon de ténèbres n'est pas tout noir. Dans le noir je trouve un bord de ténèbres qui déjà différencie le noir. Comme le bord blanc, l'épaisseur d'une couche de peinture, chez Guiffrey[10], dans les tableaux blancs de Sam Francis, bordés de couleur, il y a une différentiation minimale, une petite touche de couleur qui touche à ma soif, annonce l'aube qui est bien sûr une aube fausse, mais pourtant digne de nos meilleurs exaltations matinales de singe. « Singerie de cette signerie »[11].

*

« Je n'en finirai pas, il n'en finira pas. » Moi non plus. Toujours au noir ce matin, toujours en deuil, en train d'échouer, c'est sûr : sans aucune certitude qu'on puisse mieux réussir.

---

9 Jean-François Lyotard, « La phrase-affect », dans *Misère de la philosophie*, Paris, Galilée, 2000 [livre posthume], 51.

10 « En attendant Guiffrey », art. cit., 220.

11 « Notes du traducteur », art. cit., 98.

Epilogue
Translation in the Dark

GEOFFREY BENNINGTON

TO JEAN-FRANÇOIS LYOTARD'S SLIGHTLY HORRIFIED AMUSEMENT, I translated his first text on Sam Francis[1] quite blind, completely in the dark. The usual handwritten fragments had arrived by mail, along with a letter (dated June 21, 1990) on letterhead from Aarhus University in Denmark, where he had been on a three-week fellowship. He had, he writes "made great progress on writing the *Lessons on the Analytic of the Sublime*" because "the reserve peculiar to the Danes has allowed me to work 10 to 12 hours a day". Short fragments, in places hard to decipher, everywhere and always hard to translate, darkly about darkness, groping and the inability to see, no explicit reference to any particular painting, a definitely Beckettian feel to the prose.

*

For example: "Way out ? Colors cancelling themselves. Nothing to see fatigue at seeing. Creep in its dribbling black. Fatigue of describing. I don't believe in his colors. Anything can make color. [...] Even appearing is still a matter of seeing, of charm. Shadow, shade, words too gentle for what it must do. Through them it must do nothing to you, make nothing of you. Except dislodge you. Dislodge eye, therefore words, and all that filth. [...] There is no place. That's what you must paint. It's not the other of the visible the invisible. It's the thing. For that blind change sense. Not so that it be there so that it be."

*

So by the time I translated *Lesson of Darkness* itself I had more of a sense of just how much in the dark I was going to be.

*

Untranslatable, obviously. As it always is.

*

1 "La peinture à même: Esquisse d'hommage à Sam Francis", translated by Geoffrey Bennington as "Painting Right On It", *Blank Page*, n°. 4 [1990], unpaginated limited edition. This text will be republished in Volume IV of this series (2011).

"Untranslatable", he writes, in what is in fact one of the more translatable sentences here: "Untranslatable, the dream throws into the soul a suspicion as to its health. It is not in possession of itself, a phantom is haunting it." Translation is always dealing with that suspicion, always translating the untranslatable. Always suspicious and in doubt as to its health.

*

Translation here does not however begin with my version. Lyotard is already translating, already in translation. Each fragment here is also a bold blind translation of painting or of a painting. And, like me translating in the dark, working blind, struggling to render something other. "The lesson of darkness is spelled out letter by letter." But the lesson the letters spell out is not in fact made of letters, but of paint. And of paint painted against painting.

*

Translation, please.

*

It's already a problem to translate the most basic terms here: *peinture* is painting, easy enough, although *la peinture* can also be the paint itself that makes up the painting. And *couleur* (color, of course) is *also* paint, the stuff daubed on the canvas. *Ténèbres* are shadows, but in general just darkness, as also is *le noir*. Translation is always *une ténébreuse affaire*, a shady business with dark secrets of its own.

*

Translating in the dark Lyotard's dark translations of Sam Francis's dark and luminous canvases into a lesson of darkness. The colors all bespeak a deeper black: and the brighter the color the darker the black. For example, at the very beginning of *Lesson of Darkness*, summarizing Lyotard's understanding of what Sam Francis came to see: the very substance of light is dark, luminosity itself harbors a heart of night. Something invisible at the heart of the visible: make the invisibles seen,[2] present that there is something unpresentable: the task of painting, and of thought itself, for Lyotard, from beginning to end of his *œuvre*. Always a translation of darkness, out of, in, and into the dark.

*

2 See "Faire voir les invisibles, ou : contre le réalisme" (on Daniel Buren), in *Les Couleurs : Sculptures/ Les Formes : Peintures*, Paris/Halifax, coll. Musée national d'Art moderne, Centre Georges Pompidou/Presse du Nova Scotia College, 1981. Reprinted in *Que peindre ? Adami, Arakawa, Buren*, Hermann, 2008. *Que peindre ?* will be republished as Volume V of this series (2011).

There is also a constant questioning here of the relation between painting and writing in general, and between specific painting and the commentary on it. The commentary is not just an effort to translate painting or a painting, but also to translate itself translating, to grasp its own event in the making. The painting, the writing, and the relation between them are not always the same, though painting in general is sometimes like writing in general – or at least an analogy can relate the two. "The gesture of painting defers to the authority, the absolute, almost giddy confidence that colors have in themselves. Similarly, the fidelity of words to the immemorial potential that is in them, and to its incessant initiatives, is what makes one dream of writing. This does not prevent, but explains the fact that in the gesture of painting there is an impossibility and ban on believing in colors as there is a disgust in relying on words in the gesture of writing." Or, in the immediately following fragment, the analogy with Jeremiah: "We must have colors, and repeated colors, multiple ones, so as to complain of their vanity, just as Jeremiah needs a lot of words to say that they have nothing to say."

*

Saying (the) nothing is not the same as saying nothing. *King Lear*, or Beckett again.

*

Paint, colors, he says, remind us of the very nothing, the darkness, they also make us forget. There is an economy here which can seem simple in general but never is in particular: Lyotard's *Sam Francis* can try to remind us of what color always has us forget across the entire spectrum of the spectrum itself, from black to white, passing through every nuance in between. Whence a relation to the sublime Lyotard had been working on very explicitly at the time of his first Sam Francis text in 1990, as he reports in his letter to me from Denmark: Malevich haunts everything here with white on white and black on black. (From his earliest art writing, on René Guiffrey,[3] Lyotard was always fascinated by all the possibilities of white on white, of minuscule nuances affecting white.) The greater the luxuriance of the color (of the flesh of color, says Lyotard the phenomenologist and also perhaps the ex-Catholic, the ex-future priest[4] who ends these fragments on Easter and pardon) – the greater the luxuriance of the color, the greater the reminder of the forgotten black or white, the forgotten blank as he reminds us here Arakawa calls it, the

3 "En attendant Guiffrey" [1973] in *Des dispositifs pulsionnels*, new edition, Paris, Galilée, 1994, 187-196, where Beckett is already part of the story. This text will be republished in Volume IV of this series (2011).

4 See the opening of *Pérégrinations*, Paris, Galilée, 1990.

nothing that can only be forgotten and so can only be remembered or remarked through something that is not quite nothing. "He paints a perdition, the loss from which is engendered the bliss of seeing."

*

Whence all possible confusions: the reference to Bonnard misread by the critics as too simple a homage to pulp and flesh, magnificence of the visual and the visible, when for Lyotard it is always testifying to black.

*

Similarly with the art-writing, which has its own spectrum. Read Lyotard's entire corpus, and admire the spread from the resolutely philosophical, assumed as such, to whatever the "poverty of philosophy" also dictates. He is often happy to refer to himself as "le philosophe", who sometimes in his dealings with art says to the artist (as in the unpublished transcripts of conversations he had with an often irascible René Guiffrey and that he gave me one day): you do the painting ; I'll do the talking. You do it: I'll explain it. Re-read his corpus all the way from that philosophical extreme to the language beyond or before poetry offered here, and everything in between.

*

At a conference devoted to his work at Warwick in 1987, in discussion of a paper that compared parts of *Discours, figure* favorably to Derrida's "Freud and the Scene of Writing", Lyotard shocked the crowd by saying firmly: "Derrida went much further much faster than I did." Then added that in that "much faster" he suspected that Derrida was less interested than he, Lyotard, in simply standing in front of a painting and wondering what was going on there. (Derrida, later hearing a report of these remarks from me, readily agreed.) And yet, difference of speed aside, difference as to where they choose to dwell and take their time, look at the convergence around the motif of *blindness* in both, the complex but similar take on mourning and melancholia,[5] the acute sense of apparent presence always doubled, haunted and hollowed out, the proximity of possibility and impossibility.

*

5 See especially the exchange between Derrida and Lyotard following the former's contributions to the latter's *Épreuves d'écriture*, part of Lyotard's 1985 exhibition *Les immatériaux*. Lyotard subsequently responded to Derrida's fragments in a text entitled, happily for us, "Notes du traducteur." (This and Derrida's original fragments have recently been reprinted in *Cahiers philosophiques*, n° 117, 2009.) Derrida returned to the exchange, and especially to Lyotard's sentence "Il n'y aura pas de deuil [there will be no mourning]" in his homage text after Lyotard's death, "Lyotard et *nous*", in *Chaque fois unique, la fin du monde*, Paris, Galilée, 2003, 259-289.

Maybe *all* these questions can be addressed according to the economy of mourning and melancholia ? (A memory of Lyotard teaching in Paris around 1980, with his usual malicious grin: "It's simple: mourning says 'The other has left me. Long live me.' Melancholia says 'The other has left me. I'm a poor wretch'.") This is still a question of translation. In an early fragment here, it seems as though, opposed to a Duchamp who thinks color has retreated into its name,[6] that painting is over, and who might therefore be thought to have *got over it* (the nothing, the darkness, the need to remember nullity through excess), who has completed his work of mourning and is ready to start on something else, Sam Francis insists on maintaining or perpetuating mourning: "Mourning must be perpetuated, We must have colors, and repeated colors, multiple ones, so as to complain of their vanity, just as Jeremiah needs a lot of words to say that they have nothing to say." But what is "perpetuated mourning" other than melancholia ? There will be mourning, there will always be mourning, and so mourning will never be done, the work never complete, there will be no mourning. Melancholia persists and holds narcissism open, vulnerable and exposed to the absent other and its work of nothing: and makes Nile monkeys of us all, as he says here, lamenting the coming of night but celebrating the dawn in memory and excitable repetition of that lament always still to come again. "Painting is a morning promised by the evening." (Chance of translation, the work of mourning in the morning, morning mourning the night that is always its dark returning truth.) Mourning is work, and work in view of its own overcoming in outcome, product, result: each work here is that product, but as though re-immersed and un-completed in the wash of melancholia that makes each work, each day, only the marker of the possibility of doing it again, differently. "Many steps risked in a forbidden zone. Many will have to be begun again, all begun again each time, try and try again." (Like late Beckett again: "Try again. Fail again. Fail better.", *Worstward Ho*) Lyotard always loved the work of serial and combinatorial repetition in art (Bach, Ayme, Guiffrey, Buren, Francken), each piece a mini-mourning the very repetition and displacement of which bespeaks the broader melancholy without ever quite sinking into it entirely (here: "Mourning all the same, a little short of melancholy"). "The monotype fixes the few small articles fallen from a throw of the dice. How many other combinations were possible, remain pending !" Or again: "The point is always not just to

6 See also *Les Transformateurs Duchamp*, Paris, Galilée, 1977, 110-111. This book will be republished as Volume III of this series (2010).

succumb to the temptation of the visible, but to honor in it the obscure power of what makes it possible: but several ways are open, several types of offerings can be chanced." Experimentation and invention in Lyotard's thought and practice are also always a repetition of necessary failure, an affirmation affirmed as always harboring the darker secret of its impossibility, that has him from the start backing away from the postmodern he had been taken simply to espouse or celebrate, mourning always also mourning its own failure to do better than these little fits and starts in the ambient melancholia, these fizzles as Beckett might have said, and the figure of which opens the first Sam Francis text on the failed flare of a match. Or else, more generally, absolutely generally, at the mysterious end of the "Aristotle notice" in *The Differend,* anticipating what he later calls "le différend même": "Another silence. [...] There might be no more presentations. – But you write: "That there be no phrase is impossible" ! – That's right: the feeling that the impossible is possible. That necessity is contingent. That one must continue with no means to continue. The 'and' with no hold. So not only the contingency of the 'how' to continue, but the vertigo of the final phrase. Absurd, obviously. But the lightning-flash happens – it lights up, bursts in the nothingness of the night, of the cloud, of the blue sky."[7] Repeated mournings a little short of melancholia: half-mourning, as the other would say.

*

Just this is what he means by "working through". *Durcharbeiten* without end, leaving little monuments to its process, here in the form of paintings on the one hand, little scraps and tatters of prose on the other. "Bearing witness", he says so often, but bearing witness to nothing specifiable beyond the attestation itself in its event, its *quid* before its *quod*. Presentation is itself the unpresentable, says *The Differend,* the event itself rising up from nothing, lightning-flash in the night.

*

These spectrums of possibility, these rhythms of inventive failure make monkeys of us all, or else birds. There are so many birds and feathers in this writing. Monkeys and birds, philosophical animals both, helping him explain what happens in painting and in writing about painting. Animal sounds give a sense to how to try to write in response to painting's dark unspoken lesson, a clue as to how to translate from black in the dark. Not a poem, please, that would be too eloquent, too loud, already in the earlier piece, taken up and developed here ("Even a

7 *Le Différend*, Paris, Minuit, 1983, 116.

poem, even the most naked poem, would still be too affected [too fussy, too prissy], would give too much to be understood. It would make us believe in the shimmer of meaning."), no luxuriating in the wealth of words, no semantic cornucopia or plenitude, but something more minimal and modest, perhaps, always just on the edge of the meaning of which there is always too much too soon. "Always the gesture delivers a desert." Minimal and modest, but also perhaps harsh, vociferating, with a hint of the death-rattle he refers to here in Quignard. There is more than a memory here, an explicit allusive reminder of what he did in the wake of *The Differend*, pressing on beyond the game of language games to track down the differend *itself*, even, "le différend même" as he had it originally entitling that little text subsequently called "The Affect-Phrase", but originally, as Lyotard says in an interview given in Denmark on that June 21 1990 (the very same day, it happens, as the letter written to me on Aarhus letterhead to accompany the first text on Sam Francis), with some explicit humorous allusion to Duchamp, even.[8] Animals give the clue, their *phonè* (not yet bound as *logos*) signaling *aisthesis* and affect, approximating the silence that a differend always brings, but saying that silence without losing it to meaning, respecting its otherness, animality or infancy, without too rapidly claiming to express that differend as mere litigation, that tort as mere damage.

*

It goes like this: *phonè* is tendentially banished by *logos*, mere cry of pain and/or pleasure to be jettisoned in the properly human and adult exercise of deliberative speech in view of discerning the useful and the harmful, and soon enough the just and the unjust in the space of the *polis*. The very practice of that speech, even in the name of justice, inevitably generates the differend as sign of the repression of the *phonè* still within it. *Phonè* is not eloquent, but almost silent, almost *mute*. In the *différend même* text, there's an almost bravura development of this motif: "We can call [this sentimental communication] *mute* if we remember that the root *mu* connotes closed lips to signal that one remains silent or to emit a sound that is *surd*. This root gives rise to *murmur, moo* [mugir], mystery and the late Latin *muttum* that in French gives *mot* [word]. Mutic communication is made of non-discrete breath-

8 See the interview with Niels Brügger, "Examen oral : entretien avec Jean-François Lyotard", in Brügger, Frandsen and Pirotte, eds., *Lyotard, les déplacements philosophiques*, Brussels, De Boeck, 1993, 137-153, especially 141.

ings in and out: groaning, panting, sighing."[9] Here: "Get your tongue under the tongue of meanings. Groan because one cannot speak, infatuated by all the milk of meanings. *Muttum,* word." All still in the mouth, here to be related no longer to speaking nor even crying, certainly not to seeing, but to sucking, licking, lapping. Suckling. Head down eyes closed groping. In the earlier text, "Be flat and blind and athirst and head down." Here, "obliges the eye to turn into a mouth." And this goes for the writing too: "We'd need a prose full of words in which one would discern one's disappointment at not being able to say anything, a little exhalation that closed lips let pass. We'd need to write like he paints: like one suckles."

*

The lesson of darkness is not all dark. In the dark I find an edge of darkness that already differentiates the darkness. Like Guiffrey's paint-depth edge of white,[10] in Sam Francis's own color-edged white canvases, there is some minimal differentiation, some slight hint of color that touches my thirst, and announces the dawn that is of course only a false dawn, but worthy of our best morning monkey exaltations. "Singerie de cette signerie."[11]

*

"There'll be no end to it, for me or for him." Or for me. Still in the dark this morning, still mourning, failing, that's for certain: with no certainty that it ever gets better than this.

---

9 "La phrase-affect" in the posthumous volume *Misère de la philosophie*, Paris, Galilée, 2000, 45-54, especially 51.

10 "En attendant Guiffrey", *art. cit.*, 220.

11 "Notes du traducteur", *art. cit.*, 98.